O CÉREBRO

SABOTADOR

O CÉREBRO SABOTADOR

Quando a sua programação mental te prejudica

Eliseu S. Oleriano

Dados Internacionais de Catalogação na Publicação (CIP)
(Câmara Brasileira do Livro, SP, Brasil)

Oleriano, Eliseu dos Santos

O cérebro sabotador : quando a sua programação mental te prejudica / Eliseu dos Santos Oleriano. -- 1. ed. -- Viçosa, MG : Ed. do Autor, 2021.

ISBN 978-65-00-21299-0

1. Autoajuda (Psicologia) 2. Autoconhecimento 3.Comportamento 4. Mentalidade positiva 5. Pensamento -Desenvolvimento I. Título.

21-63302   CDD-154.24

Índices para catálogo sistemático:

1. Mentalização : Psicologia 154.24

Aline Graziele Benitez - Bibliotecária - CRB-1/3129

SUMÁRIO

INTRODUÇÃO

Eu vi as coisas acontecerem, o tempo passar e não fiz nada para modificar porque acreditava realmente que estava tudo bem, uma vez que a média das pessoas com quem convivia e as que eu ouvia falar, também se portavam da mesma forma. Não temos condições de perceber certas coisas por nós mesmos. Precisamos às vezes de uma mente externa para nos corrigir e nos reconduzir ao caminho da produtividade e para fora da mediocridade.

Às vezes somos levados a acreditar que nossa vida não nos reserva mais nada de interessante, ou então vivemos à espera que um meteoro caia nela para revolucionar aquilo que pensamos não poder mudar, e nem resolver ou conquistar. Posto que, nada sabemos, como diria o filósofo Sócrates levamos a vida da forma que dá ou simplesmente ligamos o piloto automático, dormimos e acordamos de forma automática, não programada ou dirigida, mas somente a espera que os dias passem naturalmente, vindo depois o fim.

Durante muitos anos foi assim e eu não imaginei que os anos passariam tão rápido. E passaram. Quando você acorda já vê fios de cabelos brancos e, contudo, a vida ainda da mesma forma. Aparentemente muito agitada e concorrida, mas do ponto de vista do crescimento, uma monotonia sem igual. Muitos passam por isto e não percebem. Não somos senhores da razão, mas afirmo que a maioria esmagadora das pessoas colocou sua vida numa espécie de piloto automático, e já não tem o prazer de conduzi-la e sim esperam somente ser levadas pelo ritmo e compromissos que muitas vezes, nem são seus.

Essas pessoas não sabem ainda, mas no fim vão se arrepender por terem deixado suas vidas serem conduzidas por um tal de destino. Destino esse que não perdoa a ninguém. Qualquer um que confie nele e deixe-se levar por ele, pode se ver num beco sem saída e num caminho sem volta, no fim. A vida nos permite sonhar, mas temos que ser os condutores dos nossos processos, senão seremos somente coadjuvantes ao invés de atores principais de nosso próprio palco, de nossa própria história. É difícil e complexo prever esse caminho porque aprendemos desde muito cedo que "o futuro a Deus pertence". E de fato pertence! Mas o como chegar a esse futuro, eu posso determinar. Não sabia disso ainda. Não sabia o que sei a esta altura da história.

Uma coisa que posso afirmar é que o homem que descobre a sua finalidade aqui no mundo é um rei. Uns descobrem muito cedo, outros muito tarde, e outros morrem sem descobrir isso. Pobre deles, pois viverão vidas desperdiçadas, com sentimento de que faltou alguma coisa, sem entender bem o que é. O homem que não define o seu propósito de vida e se deixa levar pelo balanço da maré, não se sairá bem no final, e não entenderá porque sua vida não "deu certo". Essas pessoas são conduzidas pelo destino. Destino esse em que elas confiam e pensam que ele vai lhes reservar coisas boas ao final, como nas novelas da TV.

Pessoas com um nível de consciência elevado entendem rapidamente que elas podem ser as capitãs do seu próprio barco. Vejamos então: Se você não se planeja, não se projeta, não traça o caminho por onde quer ou vai seguir, você não tem direção. E existe um ditado muito certo que diz que se você não sabe pra onde quer ir, aonde quer chegar, qualquer caminho serve. E serve mesmo. Pois para chegar a qualquer lugar basta caminhar, em qualquer direção, que cedo ou tarde se chegará a algum lugar, ou a lugar-algum. Esse movimento é conduzido pelas próprias pernas. Não pelo cérebro. As pessoas vivem nessa condição quando não entendem que podem determinar o seu próprio destino, que se podem conduzir, ao invés de deixar a vida leva-las para onde quer.

Boa parte das pessoas não está muito atenta a essa percepção sobre sua caminhada. Elas acreditam que não podem fazer nada para mudar a sua situação. Esperam sempre por um evento externo que mudará radicalmente o rumo e o sentido de suas vidas, não se importando se isso pode demorar ou se realmente irá acontecer. Vivem portanto entorpecidos por uma ilusão de que as coisas irão melhorar, contudo sem fazerem nada para que isto ocorra. É um comportamento de manada. O ser humano em seu instinto animal tende a se juntar em bandos também e a imitar por aprendizado o comportamento dos seus pares. E se você está vivendo em uma sociedade onde o nível de consciência seja baixo, o seu nível também tem a tendência de que seja muito baixo.

É por esse motivo que as pessoas não conseguem enxergar essa situação quando estão vivenciando ela. Um bom emprego, uma boa família, uma casa, um carro. E mesmo assim, no decorrer da vida, ou perto do fim, aquele sentimento de que faltou alguma coisa, ou que não cumpriram alguma etapa de sua missão na Terra. Não se engane. Muitas pessoas vivenciam essa experiência ruim e não sabem como sair desse ciclo. E então vivem infelizes, tentando achar no outro, exigindo do externo, algo que está faltando dentro delas. A solução para suas pendências está justamente dentro delas mesmas, mas não conseguem entender isso. Dia após dia, ano após ano, e nada de dar um passo definitivo para a sua felicidade.

"Esse mês eu resolvo isso". "Até o fim do ano eu consigo aquilo". "Esse ano já acabou". "Ano que vem é o meu ano". "O ano começa só depois de março". "Esse mês tem muitos feriados". "Nas férias de julho vou aproveitar para terminar isso". Essas frases são típicas de quem sempre adia uma tarefa importante e coloca a culpa no calendário e no relógio. Passam-se os anos e nada do que deveria ter sido feito o foi. E a vida vai e nenhum resultado efetivo. Às vezes parece que tudo dá certo para os outros e para você nunca. Esse sentimento é o de muitos.

Mas será que temos realmente que ser assim? Será que existe algum meio de não fazermos as coisas dessa forma? Seguindo sempre a manada, ou no modo piloto automático? A resposta para essas perguntas é lógica: Não. Partindo-se do princípio de que uma situação está ruim, desconfortável, o correto é trabalharmos um meio de sair dessa situação.

Pensemos num caso hipotético de alguém que sofra um acidente num barco e caia na água. Essa pessoa está longe da costa, mas sabe nadar mesmo não tendo muita prática. O que ela vai fazer? Tentar de todas as formas não deixar se submergir. Vai flutuar. Vai tentar não engolir a água salgada do mar. Não nadar contra a correnteza para não se cansar e perder totalmente as forças. Em outras palavras: Fará de um tudo para escapar daquela situação. Até que esteja em um ponto seguro, e possa ser resgatada.

Assim deveria ser o comportamento das pessoas que vivem na situação do piloto automático. Lutar com unhas e dentes para sair desse modo e tomar as rédeas da sua vida. Mas porque não o fazem? Porque estão num ritmo constante e não percebem, não entendem que isto ocorre com elas. Na visão delas está tudo sob controle. Tudo está controlado por elas mesmas, porque são donas de suas próprias vidas. Grande engano. Não são, e nunca serão se não tomarem consciência de sua real situação.

Ao tomar o volante da sua vida você verá que a condução dela é difícil no começo, porque você não tinha esse costume de responsabilizar-se por si mesmo, mas com o passar do tempo será algo comum e de certa forma mais simples. Aprender a ter qualidade de vida envolve múltiplos fatores e que estão interligados e todos partem da sua mente, com matriz em seus pensamentos.

Mas no decorrer do caminho alguém estará ali pronto para cuidar de você em todos os sentidos, inclusive gerando armadilhas para tentar te dissuadir de continuar. Tentando te proteger das novidades e por isso criará várias situações no sentido de te tirar da sua nova rota que poderia te conduzir ao sucesso. Esse alguém é seu amigo, e que por te querer muito bem acaba por te sabotar todas as vezes que está prestes a dar um próximo passo. Esse alguém é o seu **CÉREBRO**. Sim. **O seu cérebro te sabota**. Ele usa a lógica programada para te provar que você deve se manter na zona de conforto. E ele faz de tudo para que, na sua necessidade de economizar energia, você não avance em nada que seja desconhecido para ele.

Por mais que isto pareça contra intuitivo, várias situações colocam o seu cérebro a trabalhar contra você. O que deveria estar te ajudando a avançar pode ser aquilo que te atrasa. As condições impostas a você pela programação instintiva ou voluntária do cérebro fazem com que você trabalhe contra você mesmo, até sem perceber.

Mas isso vai mudar.

1

O MEDO PARALISANTE

Pessoas vivem com medo o tempo inteiro, medo de não conseguirem pagar suas contas, medo de faltar algo em casa, medo de assalto, medo de morrer, medos de diversos tipos. Desde os pequenos até os extremos. Medo. E medo é medo. Não importa o tamanho dele. O medo é algo que paralisa e impede o avanço. Isso quando não representa até o retrocesso, com a fuga. É algo natural do desenvolvimento, se for bem trabalhado, porque gera a cautela. A mente passa por alguns estágios até chegar nesse ponto e por isto não temos consciência de onde estamos, pois foi um processo lento e gradativo.

Os quatro tipos básicos de medo, dos quais derivam os demais são: o medo da perda, o medo de falhar, o medo de ser rejeitado e o medo daquilo que não se conhece. Cada classe trabalha de uma forma diferente, mas todos atuam limitando a sua capacidade de ação prática, uma vez que algemam e amordaçam a sua relação com a realidade. Ele aprisiona e submete aos que estão sob o seu domínio.

Ninguém quer perder algo em sua vida. O sentimento de perda é tido como algo ruim porque em nossas experiências a perda sempre está associada a momentos em que o sentimento aflora de uma forma muito forte e intensa, desde a perda do horário de um ônibus até a perda de um ente querido. Mas nem sempre a perda é algo que devemos temer, pois algumas perdas são até necessárias como a própria perda do medo, que é o momento em que ele é superado e deixado de lado. Às vezes as perdas acontecem para que possamos avançar um ponto e alcançarmos o outro lado. Lembro-me que alguns anos atrás meu irmão precisava viajar de ônibus para voltar para casa e de tanto medo de não chegar a tempo na rodoviária, perdeu o horário do mesmo não conseguindo embarcar. Ficou muito chateado porque era fim de ano e queria muito estar com nossa família. Depois descobriu que o ônibus durante o trajeto se envolveu em um gravíssimo acidente onde morreram diversas pessoas e muitas outras ficaram feridas. Outras histórias parecidas também foram relatadas relacionadas ao mesmo evento. Perdemos algo que a princípio parece ser muito ruim, mas que na verdade olhando por outro ângulo, representa a oportunidade de buscarmos coisas maiores e melhores. Perder o medo é a melhor perda.

O medo de falhar surge quando precisamos realizar algo, mesmo que seja simples, e esse compromisso com a realização acaba nos revelando certa impotência em relação ao que tem que ser feito. Mas os erros e falhas não são totalmente ruins. Eles servem para nosso aprendizado, e sem eles não poderíamos nos aprimorar e evoluir. Nos acostumamos a pensar nos erros como algo que vai contra a natureza, mas nem tudo começa com perfeição. As coisas iniciam com o caos e depois vão sendo organizadas. Falhar é natural, e é fruto da inexperiência na maioria das vezes, mas não é algo ruim. Ideal é aprendermos quando pudermos, com o erro dos outros, pois nos pouparia tempo e recursos, mas não sendo possível, podemos aprender com os nossos próprios erros. E como perdemos o medo de falhar? Falhando! Temos que executar algo, para vermos que não há mal algum em falhar. Contudo o medo de falhar nos impede de testarmos as opções que temos, e nos coloca em um paradoxo. Se fazemos podemos falhar, e se não fazemos não falharemos, e nem realizamos, ou seja, não saímos do lugar. Por isso erre o mais rápido que puder, conserte o erro e não cometa mais o mesmo erro.

O medo da rejeição provoca timidez. Falta a coragem para abordarmos certas situações porque muitas vezes experiências anteriores provaram ser desastrosas para nós. O medo da rejeição impede também os avanços, pois ele aprisiona nossa vontade no campo da mente. Sempre planejamos, pensamos e nunca executamos pelo medo que sentimos de ser rejeitados, de nossas ideias não serem aceitas, de sermos criticados. E por isso nos calamos. Muitas pessoas passaram por situações difíceis na infância e principalmente nas escolas, onde foram duramente criticadas e maltratadas por colegas, com piadas e zombarias. E por isto acabam por não conseguirem mais emitir opiniões públicas sobre determinados assuntos e também não tem traquejo para realizar uma comunicação favorável a qualquer relação.

O medo do desconhecido é aquele em que o cérebro mais gosta de trabalhar. Ele sabe que para você avançar terá que pisar em terrenos que não pisou ainda. Mas isto o fará gastar mais energia do que de costume. Então amplificará esse medo para que você não consiga se mover. O desconhecido nada mais é do que aquilo que você ainda não viu, mas que espera e de certo modo você almeja por isto, mas não avaliou o seu benefício totalmente, pois não tem em sua mente a princípio uma ideia do que vai encontrar. Por isto a importância de se buscar certo conhecimento sobre as coisas, porque assim elas ficam mais esclarecidas para você e conseguirá construir novos modelos mentais baseados no que você já conhece. Ao contrário, se você permanecer com uma mente limitada, com pouco conhecimento sobre si mesmo e sobre o mundo, você estará sujeito a ser aprisionado pela armadilha do medo do desconhecido.

A vida sempre nos reserva situações em que seremos testados e vamos nos mostrar acima do medo se nos propusermos a isso. O medo nos revela certas fraquezas que devem ser superadas. Quando passa a ser contínuo e causar sofrimento psicológico e a comprometer as relações da pessoa com a sociedade o medo passa a ser tratado como uma fobia, que é algo mais grave por se tratar de uma doença.

Pessoas não se dão conta de que estão sendo conduzidas pela condição a que são impostas porque respondem automaticamente aos estímulos a que são submetidas. Não respondem por si. Elas somente devolvem o que as provoca. São reativas. A reatividade é atitude de quem só espera. Espera algo vir de fora e provoca-las. Espera um estímulo externo que o provoque e o coloque em ponto de partida Mas essa partida tem um fim. O movimento não e contínuo e não dura para sempre. E aí dependerá de outro estímulo que provoque outra reação que o faça se movimentar novamente. E por isso o medo atua tão fortemente. Não agir sobre o que te faz medo te provoca ainda mais medo.

Aja rápido e se estiver com medo, vá com medo mesmo. Depois sem perceber, verá que já superou aquilo, ou aprendeu algo de valioso com o erro.

2

INDEFINIÇÃO DE METAS

Acertar o alvo é algo surpreendente. Você se prepara, faz uma mira e vai. Isto na teoria. Na vida real tem muita gente que não sabe ainda onde mirar, não reconhece ainda o seu alvo verdadeiro. Ficam apontando o arco para várias direções, mas não liberam a flecha, e quando alguns por vezes liberam, não o fizeram com tanta pressão, e a flecha cai no meio do caminho. Assim é a vida da pessoa que não definiu ainda o seu alvo.

Muita gente age assim. Como dissemos, as pessoas controladas pelo piloto automático estão por aí andando, mas não estão sabendo para onde. E essa é a razão de tanta gente sem resultados satisfatórios ou sem nenhum resultado. A vida nos mostra que aqueles que bem cedo descobriram e ativaram o seu propósito de vida, conseguem galgar os patamares mais altos e melhores.

Vida é movimento. Esse movimento necessita de direção. Uma pessoa bem direcionada consegue resolver qualquer problema que se lhe apresente. Sabemos da grande dificuldade que é para a maioria das pessoas entender que sua vida não está do jeito que queriam porque não tem uma direção certa para seguirem. Isso na teoria é muito simples. Todos sabem que devem seguir numa direção. Mas é justamente essa direção é que não é bem clara. As pessoas caminham pela vida e pensam que estão chegando a algum lugar. E realmente estão.

Quando se caminha sempre se chega a algum lugar. Parado é que não se chega.

Mas será que caminhar a esmo, ou numa direção oposta aos seus objetivos é produtivo? Será que estar colocando sua energia em algo que no futuro não te trará bons frutos é algo bom para a sua vida?

Lógico que não. Estamos o tempo todo fazendo isto. Se não vigiarmos o nosso comportamento e até pensamentos não estaremos caminhando por trilhas de sucesso. Para se definir uma meta é preciso reflexão. Temos que pensar sobre o futuro.

Na saúde temos que buscar uma alimentação adequada e balanceada para que passados os anos ainda tenhamos um corpo saudável. Se buscarmos prazer imediato no paladar, com uma alimentação não recomendada, estaremos fadados a ter uma saúde debilitada no futuro. Então temos que ter essa consciência e planejar bem os alimentos que ingerimos, pois somos construídos através deles.

Atividade física é outra coisa que contribui em muito para a nossa saúde, e até para nossa autoestima. Um corpo bem construído faz com que o organismo funcione melhor, dando as respostas necessárias aos diversos estímulos, sem falar que com uma boa forma, a sua mente também reconhece esse bem estar físico e você passa a se ver com "bons olhos".

Se você deseja também sucesso no campo intelectual, comece a perceber o que você consome culturalmente. Passe a ler bons livros que aguçam a sua imaginação e percepção da vida. Hoje em dia o acesso a esse tipo de material está muito facilitado devido à tecnologia das redes sociais. Você consegue bons livros ou áudio livros de forma gratuita, eliminando o preço como uma desculpa para não se instruir ou se informar. E você tem acesso a qualquer tipo de literatura. Inclusive sobre autoconsciência.

Esses são só alguns exemplos de direcionamento. O que você faz hoje é refletido no seu futuro. O futuro a Deus pertence, como nos fizeram acreditar. Mas Deus te dá a oportunidade de escolher que futuro vai ter. É o que chamamos de livre arbítrio. E para isso é essencial que você escolha suas metas. Que defina muito bem isso para conseguir se resolver. Pode iniciar com metas básicas e simples, tais como metas por período do dia, metas diárias, metas para a semana. E depois siga para as metas mais complexas, de meses, anos e meta para a vida.

A meta, objetivo de vida, é o que falta para muitas pessoas. Nós temos a tendência a deixar essa busca sempre para o futuro. Isso inconscientemente, porque assim que nascemos já somos inseridos num sistema que está pronto, e com o passar dos anos vão sendo internalizadas algumas regras e muitas vezes os atropelos do dia a dia não permite que nos ensinem a importância dessa busca. Muitas vezes nossos pais também não encontraram o seu objetivo. E por isso nos ensinam da mesma forma, a clássica receita: estudar pra encontrar um bom emprego.

Os objetivos a serem perseguidos na vida são conhecidos por ***propósitos***. As perguntas básicas que se deve fazer são: Afinal, pra que eu vim nesse mundo? Qual a minha função? Qual a minha tarefa principal? O que eu vim fazer aqui na vida? Sim as respostas a essas perguntas vão te aproximar do seu propósito. As pessoas de sucesso e as de alto rendimento têm essas respostas definidas. Elas já sabem porque encontraram cedo ou tarde esse propósito. E à medida que definiam ele, foram perseguindo suas metas para que alcançassem esse propósito.

As pessoas de sucesso são pessoas como nós. Porém elas reconheceram dentro de si a sua verdadeira identidade e a sua função nesse mundo. Por isto alcançaram os seus objetivos. Uma pessoa que não reconhece a sua verdadeira identidade não pode encontrar o seu propósito.

Senão vejamos uma breve estória:

Em certa cidade do interior havia dois jovens que se conheciam desde a infância, estudando sempre nas mesmas escolas e conhecendo as mesmas pessoas. Suas formações sociais cram bem parecidas uma vez que suas famílias eram do mesmo ciclo de amizades e também possuíam o mesmo nível de renda e patrimônio. Eram amigos.

Um deles, João, mantinha muito contato com seus avós o que lhe rendia longas tardes de conversas. O outro, José, sempre estava em meio aos seus estudos, e livros escolares bem como jogos eletrônicos e ocupações diversas. Isto o fez ter uma personalidade muito mais voltada aos estudos do que o amigo. Até aí tudo certo, porque vários jovens se diferenciam uns dos outros.

José com o passar dos anos se tornou grande engenheiro, trabalhou para diversas empresas multinacionais e era muito bom naquilo que fazia, muito embora não demonstrasse tanta felicidade assim, pois era como uma máquina no trabalho, e em casa. Cheio de regras a serem cumpridas e impostas a todos que o cercavam. Quando alguém não fazia o que queria ou não se portava como ele achava ser o certo, ele sempre dava uma lição de moral e terminava zangado.

João por sua vez, terminou o ensino médio, mas quando estava na metade do curso na faculdade teve que interrompê-lo devido a problemas financeiros na família. Então retornou a sua cidade para ajudar o seu pai. Mas com perseverança João conseguiu reerguer as finanças da família, reinventando alguns processos e métodos o que o fez ganhar muito destaque e ampliar os negócios. A seu tempo se tornou muito bem sucedido em todas as áreas da sua vida, inclusive na financeira.

Assim sendo os dois jovens se encontraram após anos sem se ver e se reconheceram na sua cidade natal, sentando para conversar. José sempre muito falante tratou logo de expor o seu currículo, suas viagens a trabalho nas empresas que trabalhou e o dinheiro que ganhou. João ouvia calmamente e ficou muito feliz em saber que o amigo estava aparentemente bem e "formado" com uma profissão de destaque.

João então expos que não conseguiu terminar os estudos devido a problemas financeiros no passado. Ele contou tudo o que passou e como teve que trabalhar duro na empresa do pai, inclusive fazendo a limpeza do local no fim de cada dia, para economizar com funcionários. José o interrompeu, lamentando por isso. E disse que poderia ajuda-lo caso necessitasse.

João continuou contando sua história de vida, e como deu a volta por cima. Explicou que sentou com todos os funcionários da época e lhes pediu ajuda para levantar novamente a empresa do pai. Ofereceu-lhes participações e porcentagens nos lucros da empresa, se eles empregassem toda a sua força de vontade para ajudá-lo. E assim foi feito. Ele passou a ser bem quisto por todos e essa energia fez com que os negócios melhorassem de forma estrondosa. Era tão empático e proativo que chegou a ser cotado para se candidatar ao cargo de prefeito da cidade, mas declinou do convite.

José se disse surpreso com tudo isso. Não entendia como ele, que não pode terminar os estudos na faculdade teve uma ascensão tão grande e o ultrapassou em tudo na vida inclusive financeiramente. José tinha em sua mente que somente os "estudados" poderiam alcançar as posições mais altas na sociedade. Muito engano.

João falou ao mesmo que isto era algo que não é real. Que qualquer um que quiser pode chegar ao seu objetivo, ao seu propósito. João relembrou ao mesmo que durante a infância e parte da adolescência costumava ir ao sítio onde moravam seus avós e conversava muito com eles. Ele disse que em várias conversas o seu avô lhe falava para tomar um rumo na vida. Ele não entendia do que se tratava, mas o homem lhe ensinava que só chega ao alto quem sabe o que quer e para onde ir. Esclarecia ainda que ele deveria entender quem ele era por dentro, entender do que era feita a sua essência. Claro que não com essas palavras. Ele falava sobre a sua identidade. E também sobre perseguir um objetivo de vida, seja qual fosse. E, sobretudo a frase mais marcante que ouvia era: "Seja bom, mas não seja bobo".

Isso ficou guardado na memória de João e foi reativado quando ele precisou. Ele entendeu que não seria a faculdade que resolveria o problema de sua família. E entendido isso, ele reconheceu que poderia ampliar esse raciocínio para a sua vida em geral. Sempre olhando pra dentro, para não esquecer quem era, e de onde veio. Então ele ativou o propósito de ajudar as pessoas. E foi o que fez. Ajudando a muitos ele foi o mais ajudado.

Breve estória que nos mostra que nem sempre os mais preparados de acordo com os padrões acadêmicos são aqueles que vão vencer. Nem sempre os mais inteligentes serão aqueles que alcançarão a vitória. Mas aqueles que entendem quem são e o que devem fazer para chegar ao seu propósito. E, sobretudo aqueles que perseveram nele sem se desviar.

3

FALTA DE FOCO

Uma meta a ser alcançada demanda esforço. Seja pequeno ou grande, mas sempre demanda esforço. Se você não está direcionando as suas forças numa determinada direção, será muito difícil resolver essa questão de alcance da meta. E sabe por quê? Uma pessoa quando quer bater uma determinada meta necessita olhar para um alvo. E nesse movimento de olhar para um alvo está a chave para quem quer vencer. Mas não é simplesmente olhar o alvo e depois se desviar. É antes de tudo, olhar o alvo e prestar atenção nele. Temos que focar nesse determinado alvo.

Muitos perdem nessa questão pois estão até comprometidos com seus projetos e se concentram para resolverem os problemas. Mas sua concentração é mínima e a qualquer estímulo externo se distraem e perdem o foco. **O foco é o ponto de convergência do esforço e do planejamento**. É onde se encontra o ponto final da trajetória planejada.

O foco é o estreitamento do cone de visão partindo do ponto de observação. É a mira do alvo. Por vezes não compreendemos que não basta olhar o objeto. Temos que focar nele. Concentrar nossa visão no objeto para enxergar os detalhes e para não perde-lo de vista. Se você somente olha aquele objeto pode ser que não perceba as particularidades dele, visto que ao redor tem diversas outras coisas, inclusive podem ser até mais chamativas do que ele. Então se você não usar o foco não terá do objeto a percepção mais apurada sobre a realidade do mesmo.

Comparando com uma câmera fotográfica podemos entender que uma lente possui o ajuste de foco justamente para que a visão se adapte ao que se quer observar. O foco vai sendo ajustado de acordo com o que o observador busca encontrar em determinado objeto ou cena. Essa comparação pode ser extrapolada para artefatos que possuam lente articulável, como binóculos, lunetas, telescópio, microscópio.

Ao focar um determinado objeto teremos a percepção de que ele é muito grande, e que só existe ele ao nosso redor. Este é o ponto crucial do alcance do objetivo. Se você não focar naquilo que quer, que espera, nunca chegará até ele. Um sonho é somente um sonho se não tivermos ações concretas para realiza-lo. Porém a ação desmedida, sem observância do ponto aonde se quer chegar, também não se torna produtiva, pois de que adianta caminhar se o foco não está sendo naquele ponto onde se pensou alcançar.

A ausência de foco tem feito com que muitas pessoas não alcancem os seus objetivos, mesmo que estejam tentando chegar nele. Mesmo que não estejam parados, as pessoas estão com dificuldade em alcançar o que almejam. Elas muitas vezes não entendem o que tem acontecido, porque não conseguem reconhecer que está faltando um ajuste em suas lentes. Faltando algo essencial para a preparação. Faltando o foco. Tudo que você foca amplia em sua mente, facilitando a percepção.

Você pensa em algo, planeja milimetricamente o que deseja fazer e o que pretende alcançar. No decorrer da caminhada, surge um empecilho. E então você tem que parar para resolver. Resolvido o problema, você volta para sua trilha, e aí surge outro percalço. Você novamente se desvia para dar atenção a essa nova situação e o seu olhar está voltado para esse novo desfio a ser vencido. E depois vem outro, vem vários ao mesmo tempo. São as contas pra pagar, a atenção que deve ser dada ao chefe, a família, aos amigos, vida social, trânsito. São desvios que não acabam mais. Poderíamos falar vários dias sobre essas questões desviantes do foco principal. Não tem fim.

Seu foco vai se perdendo quando você não consegue mais sair do emaranhado de problemas que se colocam entre você e o seu alvo. E de certo parece ficar mais distante o alcance do mesmo. É normal. Se suas forças parecem que estão se esvaindo, e terminando, é porque estão sendo gastas em coisas que não estão relacionadas diretamente com o propósito que você havia delimitado no início. Mas acalme-se. Não é o motivo para se desesperar. Basta ter em mente que isso é passageiro. Se você entender que os problemas vão passar, eles vão realmente passar, pois tudo tem um tempo. Nada nessa vida dura para sempre. Problemas vão e vêm, maiores e menores.

Lembro-me que quando era pequeno eu estava em nossa casa tentando construir um aviãozinho de bambu. E então no meio desse processo, com pouca destreza, eu queria a todo custo colocar uma formiga dentro dele para ser "o meu piloto". Só que enquanto eu preparava o avião, a formiga andava. Então eu tinha que parar a construção para pegar a formiga novamente, pois ela era rápida, e a colocava junto a mim novamente, para que aguardasse o término de minha obra. A formiga certamente tinha outros afazeres com sua vida própria e por isso sempre saia de perto. Até que então eu utilizei o recurso que estava a minha mão. Aliás, à minha boca. Chorei. E então minha irmã veio em socorro e perguntou o que havia acontecido. Eu prontamente respondi aos prantos: "A formiga". Ela resolveu o problema matando a formiguinha. E foi o fim. Chorei mais ainda e foi aí que expliquei as minhas intenções com o inseto.

Nesta historinha eu perdia o foco da minha construção toda vez que a formiga andava para longe. Porém eu não sabia, mas a formiga deveria ter o seu trabalho a ser feito, e não poderia perder tempo comigo nos meus projetos. E, além disso, eu poderia ter trabalhado em conjunto com minha irmã, se ela aprisionasse o inseto, ou o segurasse. Mas como ela faria isso se eu não a comuniquei o que havia planejado?

Na vida é assim. Muitas coisas e situações vão surgir para tirar a sua atenção, o seu foco.

Devemos ter em mente que em alguns momentos uma boa comunicação pode resolver o problema da atenção, se você for sincero e comunicar a outras pessoas que você está ocupado com uma tarefa muito importante e que precisará de um tempo para concluir. Não precisa negar a atenção a determinadas pessoas importantes como familiares, mas tem que ser sincero ao não poder atendê-los de pronto, para que ninguém mine a sua atenção anteriormente voltada para a coisa que já estava executando.

O foco no objetivo faz com que você consiga concluí-lo com mais rapidez do que se tivesse se desdobrando em diversas coisas ao mesmo tempo. Muitas pessoas tentam realizar diversas tarefas ao mesmo tempo e não conseguem concluir nenhuma. Ouve-se dizer que há pessoas que tem muitas iniciativas e nenhuma "terminativa". Isto se dá por causa do foco. Elas estão usando uma lente multifocal, observando vários alvos ao mesmo tempo, e eles estão em diversas direções. Muitas vezes esses alvos são até antagônicos, opostos e incompatíveis com o propósito principal.

De acordo com o físico Isaac Newton quando duas forças de mesma intensidade estão focadas em direções opostas elas se anulam. Ou seja, não deixam o objeto sair do lugar. A física mostra que se você não tiver um foco no seu objetivo você não conseguirá atingi-lo. E isso nos faz questionar se é possível alguém que não definiu o seu propósito, ou não está focado nele consiga sair do estado de inércia e alcançar esse objetivo. Não. Ele não conseguirá o seu intento porque as suas forças estarão distribuídas direcionadas cada uma para um ponto, que pode ser até contrário ao original.

O poder do foco está justamente na concentração de forças que faz com que o objetivo seja alcançado. Essas forças se bem trabalhadas, em conjunto puxam e empurram você para esse objetivo, pois o foco estará nesse único ponto. Gary Keller, célebre autor do livro *"A Única Coisa"* mostrou que se você se concentrar em terminar uma única coisa de cada vez, as chances de você concluí-la são muito maiores porque não estará em concorrência com outros objetivos. Ele ensina que se você buscar realizar diversas coisas ao mesmo tempo nenhuma delas estará terminada ou os resultados não serão satisfatórios. Keller ainda constata que "A Única Coisa" é o modelo mental que deve ser utilizado, porque só assim você conseguirá realizar as tarefas o mais rápido possível com alta possibilidade de acerto.

O foco é determinado por níveis de atenção. As pessoas precisam buscar motivação para terminar as suas tarefas e acabar com as possibilidades de distração. Trabalho não muito fácil, porque os hábitos já estão instalados, mas eles podem ser mudados com um estalo de força de vontade. Mas para isto acontecer a pessoa tem que entender que está nessa situação de falta de foco.

Um dos sintomas dessa falta de foco é por exemplo, o fato de você analisar seus resultados e perceber que não saiu do lugar. Passado alguns períodos de tempo e você não conseguiu chegar nem a metade de sua meta principal. Certamente você tem gasto grande parte de sua energia com outras coisas que não são sua meta. Distrações diárias que tomam muito o seu tempo e você nem percebe porque o seu cérebro segue no ritmo habitual de não produtividade. E isto sendo normal para ele, você não entende que o problema está instalado. E, por conseguinte, não conseguirá sair desse ciclo.

4

PROCRASTINAÇÃO

Definida a meta e ajustado o foco inicial você está pronto para alçar voo e começar a trilha para o sucesso na busca pelo seu objetivo. É a hora de começar a se mover. Planejamento pronto e desejo de realizar. Mas basta começar e você logo se vê perdido em meio a tantas outras coisas. Você sabe que tem que fazer, e sabe o que fazer. Muitas vezes já sabe até como fazer. E inicia as atividades. Mas não percebe que se perdeu no decorrer do processo. Começa pela manhã e chega ao final do dia e não conseguiu terminar o que se propôs a realizar.

Isso acontece com muitas pessoas. E o pior é que não nos damos conta de que o tempo vai passando, e no fim só percebemos que ele passou. O tempo se esvai em nossas mãos e ficamos impotentes em relação a isso.

O tempo é nosso ativo mais precioso. É muito mais importante que dinheiro, pois é escasso e uma vez perdido não se consegue mais, não recuperamos o que se foi. E em contrapartida é o bem que mais as pessoas perdem. Certamente vivem em um nível baixo de consciência e não percebem que são pedaços de sua vida que estão jogando na lata de lixo. O tempo é implacável. Quanto mais as pessoas o desperdiçam, menos ele parece escasso no momento em que se esvai, mas depois o sentimento da perda surge.

Procrastinar é perder tempo com aquilo que não é importante para nós no contexto geral. É se ocupar de outras coisas que não são o seu objetivo principal programado. É cruzar a linha marginal da produtividade em prol de prazeres momentâneos e repentinos. É um inimigo invisível, mas que te golpeia fortemente assim que você se distrai.

O procrastinador muitas vezes é confundido com o preguiçoso. Não tem nada a ver com isso. Não se trata de preguiça. **E antes, pelo contrário o procrastinador é bem ativo**. Está sempre fazendo alguma coisa. Mas infelizmente as inúmeras coisas que está fazendo, estão desviando o seu foco das coisas principais e necessárias, e por isso o seu resultado é aquém do esperado.

Quem procrastina se frustra porque vê todos tendo resultado e ele não. E não sabe por que o seu resultado não vem. Hoje em dia com as redes sociais disponíveis na palma da mão a procrastinação virou um esporte jogado por muitos. E alguns se tornam profissionais nessa prática. Acordam cedo de manhã antes de iniciar as atividades já estão com o smartphone na mão procurando algo de novo nas redes sociais. Quando percebe já é quase a hora do almoço e ainda não conseguiram produzir o necessário. O sentimento de frustração vem, mas passa assim que o aplicativo de mensagens emite o sinal mágico avisando que alguém postou algo mais. E é difícil para o procrastinador deixar de atender a esse "importante" chamado do aparelho.

Na vida temos a escolha de fazer o que queremos. Mas com a procrastinação é diferente. Ela está presente de uma forma tão sutil que tem o poder de nos tirar de nosso estado de consciência e nos fazer dançar com ela no ritmo que ela quer. As pessoas não querem perder tempo, mas aquele pensamento de: "só mais uma mensagem", "somente mais um grupo", "só mais 10 minutos" nos toma por completo e nos faz pensar que não fará diferença nos planejamentos e cumprimento de metas. Mas faz. Teremos essa percepção ao final de um período de tempo, onde uma determinada tarefa já deveria ter sido cumprida, porém ainda não foi. E é aí que sempre nos perguntamos: "O que eu fiz até agora que não consegui concluir isto"?

É sempre assim. Quando estamos no modo procrastinador, nossa mente também está ocupada, e ocupada até demais absorvendo outras informações ou em atendimento a diversas outras tarefas que não farão sentido ao fim do período de tempo, mas que naquele momento estão tomando completamente nossa mente. A procrastinação nos tira do eixo principal das nossas ideias e nos leva para outros campos. É como se estivéssemos flutuando em um transe. O procrastinador é teletransportado de um momento de consciência para outro momento futuro. É como se fosse uma máquina do tempo, onde você entra num determinado minuto e só vai sair depois de passados minutos ou horas até.

Porque isso ocorre? Nosso cérebro reconhece que estamos fazendo uma tarefa diferente das habituais. Ele sempre irá nos levar para a segurança e conforto dos hábitos simples, então ele faz com que você se distraia com coisas orbitais para evitar que você se frustre ou se magoe se algo der errado. Então ele nos leva por caminhos marginais ao que estamos trilhando orginalmente. É um mecanismo de proteção para o mesmo. Só que essa proteção é prejudicial porque ela nunca nos deixará avançar para a próxima fase.

Comece a prestar atenção nos momentos que você estiver no seu modo produtivo. Quando iniciar uma tarefa já estará sem perceber, com o smartphone na mão, acessando redes sociais, ou quando estiver usando o computador, abrirá uma nova janela para pesquisar algo e vai se deparar minutos depois com uma leitura ou um vídeo que não tem nada a ver com o assunto que está precisando focar.

No nosso mundo atual temos várias fontes de distração, principalmente eletrônicas. Elas podem vencer nossa vontade de alcançar a meta se não nos policiarmos. Essas distrações são muito atrativas, e não tem fim. O rei Salomão no livro de Eclesiastes disse no capítulo 12 que o muito estudar é enfado. Não quis dizer ele que estudar é prejudicial. Ele fala sobre a ação. De nada adianta se preparar, e nunca agir da forma que deveria. Lao Tsé em seu "Tao te Ching" disse que *aquele que sabe e não o faz é como se não o soubesse.* Tiago, o apóstolo ao escrever sua carta falou que quem sabe fazer o bem e não o faz, comete pecado.

E até mesmo Jesus quando conversou com Judas na noite em que foi traído pelo mesmo, afirmou: O que tens que fazer, faça-o depressa. Entenda bem. Se até mesmo ao que ia fazer um mal gravíssimo foi dada a ordem para fazer o seu intento o mais rápido possível, imaginem para nós quando formos fazer algo que será bom para nós mesmos ou o próximo.

Aí está o segredo da diligência das ações. O velho ditado dos antigos: "Não deixe pra fazer amanhã o que se deve fazer hoje". Não faça daqui a uma hora o que se pode (ou deve) fazer agora. Temos que ter em mente que as nossas ações atuais têm um reflexo no futuro. Sim, e se não temos ação nenhuma em direção ao nosso propósito, que resultados teremos? Nenhum. A procrastinação tem levado pessoas ao desespero, porque se sentem inúteis ou desqualificadas. E certas pessoas não compreendem porque não tem alcançado os seus objetivos, mesmo que sejam preparadas para tal. Mesmo que seus esforços iniciais com o planejamento tenham sido cumpridos. Mas não percebem que é justamente ao longo da caminhada, no foco, é que está a chave para a linha de chegada. Temos em mente muitas ideias, e não as executamos. O medo de errar, a vergonha em fazer, a vontade de fazer perfeito, estão em nossa mente como algo que deve ser obedecido. Mas é justamente na tentativa e erro é que está a perfeição das coisas. É na execução, mesmo que imperfeita é que estão os passos para o resultado almejado. A sabedoria está na execução, não no planejamento. Um resultado pequeno já é um resultado melhor do que nenhum resultado. O feito é melhor que o perfeito. Tente, erre, faça de novo, mas não deixe de fazer. Mantenha o foco para não se perder diante das diversas distrações.

Quando da execução de uma tarefa que se propôs a fazer, se desligue um momento. Após o planejamento já comece a fazer algo em prol daquele resultado. Inicie o que tem que ser feito. Apenas comece. Tenha intervalos de descanso. Se tentar concluir de uma vez só por longos períodos de tempo, infelizmente vai se perder em meio a tantos pensamentos a que seu cérebro está habituado a te levar. Seja mais esperto que ele. Você já sabe por quais caminhos ele vai te desviar. Claro que sabe.

Se não percebeu ainda, comece a perceber onde você está quando volta do teletransporte da procrastinação. No celular, na TV, internet. Onde? Você vai saber o que deverá fazer para que seu cérebro não te transporte para aquele local. Aí você vai dar trabalho para ele fazer você se distrair. Experimente. Desconecte a internet, se possível. Mantenha o smartphone afastado, retire (desabilite) as notificações. Seu foco vai estar afiado.

Não tente fazer tudo de uma vez, para o seu cérebro não quebrar novamente o seu ciclo de produtividade. Vá aos poucos. Vá no seu ritmo. Você sabe o seu ritmo. Só precisa dessa autoconsciência.

Com o tempo você vai perceber que sua produtividade aumentou, e que você consegue se manter mais tempo focado na sua atividade principal planejada.

5

PENSAMENTOS DESVIANTES

Um pensamento gera um sentimento que por sua vez gera uma ação que tem como consequência um resultado. Seja bom ou ruim. Mas a matriz disso é o pensamento. E muita gente não tem consciência sobre isso. Os pensamentos que são plantados em nossa mente é que nos levam a ações muitas das quais não queremos praticar, mas que parecem nos levar como uma mãe conduz a uma criança pelas mãos. Não conseguimos fugir deles. Se estivermos num nível baixo de consciência não, mas se tivermos autoconhecimento será fácil vencê-lo.

O Evangelho de Marcos em seu capítulo 21 nos fala que "é de dentro do coração do ser humano é que procedem os maus pensamentos". E com toda certeza. Ninguém é levado a uma ação, se em sua mente não estiver já esse plano de realiza-la. Muitos devem se perguntar: Como alguém iria planejar algo ruim para si mesmo? Mesmo sem qualquer distúrbio de ordem psicológica uma pessoa é capaz de fazer a si própria uma coisa dessas. Nesse caso o pensamento não atrai. Ele cria essa situação. Se você pensar algo, já é capaz de fazê-lo. Se pensar várias vezes, já começa a se tornar expert naquilo em nível de planejamento. Se você maquina algo em sua mente durante muito tempo, em diversos momentos do dia, aquilo para sua mente já se tornou um hábito mental, ficando simplesmente comum e não há como fugir desse ciclo.

O seu cérebro então passará a tratar aquele pensamento como algo normal, como uma atitude corriqueira pra você e estará sempre pronto para realiza-la, mesmo que não seja a sua vontade. O pensamento desviante tira o seu foco ao ser usado pelo seu cérebro para te fazer evitar a continuidade de uma determinada tarefa de concentração, que o faria se aproximar do alcance de uma meta. O cérebro vai utilizar isso como um mecanismo de proteção para você, baseado em experiências anteriores ou pela simples economia de energia. O cérebro é um economizador de energia e em todas as oportunidades que ele possa o fazer, ele o fará.

Imagine o seu computador quando fica alguns minutos sem uso. Ele entra num modo chamado descanso de tela, onde o monitor fica em stand by para economia de energia, e se passar muito mais tempo o próprio processador entra nesse modo e começa a "hibernar". Um simples toque no teclado ou um movimento no mouse é capaz de desperta-lo. Nosso cérebro faz exatamente igual. Num dado momento ele entra no modo descanso de tela. Ele faz isso para poupar sua energia quando você está na tentativa de realizar uma tarefa, mas seu cérebro ainda não compreendeu que aquela tarefa vai leva-lo a conquistar algo maior, a próxima fase. Então o cérebro entra num transe utilizando um pensamento desviante que é mais comum para ele, pois já estava instalado no seu drive mental. O cérebro somente carregou aquilo na sua memória RAM. Ele usou aquilo que estava ao alcance para fazer você se distrair.

O pensamento desviante entra nessa hora. O cérebro não reconhecendo algo de prazeroso, porque a produção gasta energia e é custosa, vai buscar uma forma de te frear nesse gasto e vai colocar algo mais atrativo em seu lugar. E qual pensamento que irá ser carregado então na mente? Aquele que já estava sendo maquinado. Aquele que já é costumeiro para a mente. Se esse pensamento for de negatividade, é ele mesmo que vai entrar em cena para te distrair e na maioria das vezes para fazê-lo desistir do seu intento. O cérebro fica feliz, pois poupou energia, e você fica feliz momentaneamente, pois foi entorpecido por algum tipo de recompensa momentânea. Mesmo que depois venha a tristeza por não ter concluído a tarefa.

As tarefas com resultados a longo prazo não são atrativas ao cérebro porque ele não vê a vantagem disso. Ele vai buscar as recompensas mais fáceis e mais próximas. O cérebro desvia o foco daquele que está executando a tarefa lhe enviando imagens e mensagens de coisas que geram prazer imediato. Essa manobra seduz a pessoa e esta acaba por adiar ou desistir do trabalho importante que estava fazendo. O cérebro age assim porque não entende claramente o tipo de recompensa que virá de uma tarefa complexa cujo resultado se encontra muito distante.

Outro fator que faz com que o cérebro economize energia é o medo. Quando você se depara com uma situação que lhe cause medo o cérebro vai te fazer fugir ou ficar paralisado. Isso é uma forma de economia de energia para que você não enfrente a situação. O cérebro não sabe o que vem após esse obstáculo e interpreta isso baseado em situações semelhante vividas no passado. E então ele não quer correr o risco novamente, e para te proteger vai te levar embora da situação.

Isto é vivenciado quando estamos prestes a romper alguma barreira numa determinada tarefa. Embora a mente deseje essa nova etapa, o cérebro fará de tudo para que você não cruze, porque baseado na lógica pré-programada dele, ele entende que não será bom. E então começam a ser enviados para a sua mente registros de outras situações e distrações para que você não se mova na direção do que ele acha ser prejudicial.

O cérebro é o comandante do corpo físico. Ele é quem coordena as diversas funções tanto relacionadas a ele quanto funções relacionadas diretamente a outros órgãos. A mente é livre. Ela busca coisas maiores, estando sempre aberta para novas experiências. Porém existe o cérebro que atua com mecanismos de proteção. Ele vai fazer com que intenções e pensamento se voltem para situações seguras. E de novo surge a questão da economia energética. O cérebro vai optar por cumprir a programação que já está estabelecida, vai lançar mão de pensamentos que estão sendo processados há mais tempo e durante longos períodos. É então que ele nos desvia de nosso intento plantando "novos" pensamentos no momento em que estamos prestes a sair da fase em que estamos para outra posterior.

Os pensamentos desviantes vêm acompanhados por aqueles inocentes "só mais um pouco", "só mais um tempo", "depois termino", "e daí?". Quando você cai nesse ciclo de desviar o seu foco com pensamentos de que não tem problema deixar para depois a sua produtividade cai e você não consegue terminar a sua missão.

Pensamentos desviantes surgem do nada para a mente consciente. Mas não para o inconsciente. Eles já estão lá plantados. Só esperando uma oportunidade ou ocasião para florescerem. E essa ocasião é justamente no momento em que estamos pronto para executar uma tarefa com gratificação posterior. As de gratificação de curto prazo são mais simples e o cérebro entende muito bem o seu sentido. O cérebro só quer curtir.

6

GRATIFICAÇÃO DE CURTO PRAZO

Por gratificação de curto prazo entendemos aquelas em que o sentimento de prazer vem sem esforço, vem de forma quase natural. São aqueles momentos em que você, quando executa algumas tarefas, é acometido por pensamentos desviantes do propósito inicial, pausas involuntárias impostas pelo cérebro quando estamos executando uma tarefa, paradas para conversas sem sentido, aplicativos de mensagens, sites com conteúdo não produtivo. Essas atividades que geram gratificação de curto prazo não trarão crescimento para nós, mas o cérebro insiste em nos direcionar para elas, sempre que tarefas importantes devam ser concluídas.

Segundo o escritor Brian Tracy a habilidade para adiar as gratificações de curto prazo são requisito indispensável para o sucesso. Essas gratificações devem ser adiadas em função das recompensas maiores, de longo prazo.

Mas isto não é tão simples. Como dissemos, o cérebro tentando otimizar o seu gasto energético, vai tentar te fazer desistir das metas maiores te iludindo com as gratificações de curto prazo. Elas são mais prazerosas a primeira vista, estão disponíveis à mão. Elas são aquelas que podemos pegar num movimento, num pensamento.

Sempre que estamos ocupados com um planejamento ou uma execução, nos vem aquela vontade súbita de fazer outra coisa, não relacionada a essa tarefa. Essa coisa vai nos dar prazer agora. O cérebro te ilude com essas pequenas recompensas, pois ele sabe que você não está preparado para aguardar as recompensas maiores, que geralmente demoram mais. Demandam mais esforço, e, por conseguinte, mais gasto de energia. O cérebro vai te fazer se desviar de sua meta. Ele pode até te fazer desistir se for costumeiro na prática de aceitar suas recompensas rápidas.

Podemos comparar essas gratificações a uma criança ao qual é oferecido um pacote de balas agora, ou um bolo de chocolate amanhã. Certamente vão escolher as balas, ainda que entendam que o bolo pode ser melhor. Mas a recompensa agora é mais interessante na opinião do cérebro. Pra que esperar até amanhã se podemos ter guloseimas hoje? Bem, pra algumas coisas pode até ser, mas para a maioria das coisas importantes, essa urgência é que faz com que tudo saia do planejamento ou do controle.

Uma pessoa em dificuldades financeiras, ao analisar bem as suas contas, deverá perceber que se colocou nessa situação porque se deu recompensas antes do tempo. Colheu em algum momento um fruto que não deveria ter sido colhido, ou colheu antes do tempo. Talvez tenha comido até a semente antes de plantar, como é o caso de muitos que recebem um recurso e ao invés de investi-lo para obter mais, prefere gasta-lo eliminando assim a chance de possuir mais dele depois de certo tempo. E porque se faz isto? Por causa da busca pelo prazer imediato, pelas recompensas antes da hora certa. Muitas vezes essa pessoa não tinha condições financeiras para adquirir determinado bem, mas pelo simples prazer em possuí-lo, se endividou e por repetidas vezes agindo assim chegou à situação em que está, no fundo do poço financeiro.

A vida financeira da pessoa é um bom indicador se ela tem aceitado as balinhas que o cérebro ofereceu. Em algum momento o descontrole se instalou e ela não teve mais como arcar com os seus compromissos financeiros porque não regulou as entradas e saídas de capital. Abriu as torneiras e não se preocupou com os vazamentos porque no momento das compras era puro prazer. Escolhas baseadas na emoção não são em sua maioria boas.

Tiago Nigro, criador do canal "Primo Rico", e Joel Moraes, ao darem conselhos sobre compras, nos ensinaram a técnica QP2A, que diz que devemos contrabalancear o desejo (emoção) com a necessidade (razão). Nesse método você deve se perguntar se realmente quer adquirir algo, e se a resposta for sim você se pergunta sobre o momento que quer. Se o momento for agora, a pergunta que se deve fazer é se você pode. Se sim, reflita se aquilo é caro para o seu padrão. Nas compras por necessidade o primeiro questionamento é se você realmente precisa. Caso afirmativo responda se precisa agora. Se sim você termina com "posso?".

O método apresentado acima é eficaz porque dá tempo de nossa mente perceber se está prestes a ser enganada com o pacotinho de balas do cérebro. Se você refletir no modo QP2A vai perceber que talvez aquela compra momentânea, aparentemente inocente, não lhe faria bem no futuro.

O sistema de recompensas cerebrais ainda nos reserva surpresas porque não estamos totalmente habituados a respondê-las com um bom e sonoro "não". O cérebro vem sutil e nos oferece aquela vontade de realizar uma tarefa para distração e você não vê mal nisso. Não se importa de perder só um instante, só um pouquinho de tempo. Mas no decorrer de 24 horas se você somar toda essa gama de situações em que foi seduzido pelo cérebro com gratificações rápidas verá que perdeu muito tempo e que não produziu nada.

Muitos chegam ao final de um dia de trabalho com aquele sentimento que não deu tempo de realizar as tarefas que necessitavam. Esse momento é aquele aonde vem um desgosto por não ter conseguido o que queria, mas não se sabe bem o que poderia ter feito para evitar tal situação. Algumas pessoas estão vivendo num nível baixo de consciência e nem percebem que foram atropeladas por essa condição a que foram impostas por não resistirem a essas ofertas de recompensa rápida e sem sentido.

Podemos citar, por exemplo, quando você está concentrado escrevendo um texto, e quando menos perceber já se vê com o smartphone na mão e olhando algum aplicativo de mensagens instantâneas ou alguma rede social. É como se você tivesse sido atingido por um raio congelante e ficasse paralisado, e alguém colocasse o aparelho em suas mãos e te descongelasse novamente. E aí você acorda desse estado com o celular na mão e nem sabe como ele foi parar ali.

Foi uma armadilha preparada por seu cérebro. Ele não queria gastar tanta energia com o que você estava realizando, e por isso ele te transformou em um zumbi para que você automaticamente parasse a sua tarefa produtiva e começasse a se desviar para outros afazeres menos dispendiosos do ponto de vista energético, e mais prazerosos aparentemente.

Como fugir disso? Como combater esse inimigo invisível que nos ataca sem que saibamos ou sintamos? Uma das armas é o foco. Se você se dispõe a realizar alguma tarefa importante, que vai demandar tempo e energia tire da sua volta coisas que o cérebro possa usar para te gratificar para que não te desvie do caminho. Por exemplo, estando no computador, e se não depender de internet pode desliga-la. Se precisar, você pode observar os sites que mais te atraem e não são produtivos para o momento, e bloquear eles temporariamente. Caso a distração seja o celular, mantenha-o longe, ou na bolsa. Desligado, ou com wi-fi e dados móveis desligados para não ser importunado por distrações e notificações.

Se estiver trabalhando com o smartphone e necessitar da internet, desligue as notificações dos aplicativos e redes sociais. Você pode até mesmo desinstalar os aplicativos de mensagens e redes sociais porque aí já facilita pra você. Se estiver trabalhando justamente com esses aplicativos, saia de grupos e comunidade não produtivos.

Fazendo assim vai dificultar cada vez mais para o seu cérebro encontrar ajuda e meios para te distrair.

Ainda assim o seu cérebro pode utilizar de um expediente mais sorrateiro. Ele vai usar os seus próprios pensamentos. Enquanto estiver absorvido por raciocínio e pensamentos na tarefa, o seu cérebro vai lançar flashes de imagens e introduzir pensamentos improdutivos, mas aparentemente prazerosos. Esses pensamentos funcionam iguais ao smartphone quando são para distração. É o momento em que você está viajando profundamente nos pensamentos e mais uma vez é teletransportado no tempo. Pode ser um segundo, ou vários e pode ser até minutos de desconcentração involuntária. E mais uma vez, quando você acorda do transe, está ali sem fazer nada e o tempo passou.

O pensamento é uma arma poderosa. O que fazer para escapar desse transe? Use o poder do subconsciente ao seu favor. Todos os dias inicie o dia com pensamento de coisas boas, de determinação, de felicidade. Comece o dia pensando e falando para si mesmo sobre produtividade. Coloque em seu cérebro pensamentos de produtividade, pense em você como alguém produtivo, alguém de resultados e fale isso para você. Verbalize isso para você mesmo. Tenha em mente que aquilo que você dita e determina para o seu cérebro, é isso que ele vai utilizar.

Quando você enche o seu cérebro de pensamentos não produtivos, de pensamentos sobre coisas ruins ou que não te ajudam a te levar para o futuro que você quer, isto vai fazer com que você guarde aquilo na memória e o cérebro sempre lançará mão desses pensamentos para te fazer sair do trecho. São os pensamentos que você dá como alimento para o seu cérebro que ele utiliza contra você nos momentos em que ele constrói as gratificações rápidas.

Por isto, policie os seus pensamentos. Comece a ter e exercitar pensamentos de positividade que estejam alinhados aos seus objetivos. Evite pensamentos que te façam cogitar que não vai conseguir aquilo que almeja, porque senão o seu cérebro vai providenciar meios para que você não alcance. Isso não é difícil, pois ele já trabalha o tempo todo evitando que você gaste sua energia naquilo que é produtivo.

Cuide dos seus pensamentos.

Vigie-os.

Dirija-os.

7

ZONA DE SEGURANÇA

Se você for a uma determinada fábrica perceberá que tem determinadas áreas que não estão com acesso livre nem para o público interno. Bancos tem essa área. Em órgãos públicos tais como Fóruns e Delegacias, quartéis, você também vai se deparar com essa área denominada de zona de segurança, que é um local restrito, com acesso permitido a poucos. Não é qualquer um que pode entrar.

Na zona de segurança a pessoa que não tiver o livre acesso não pode entrar. Isso é feito justamente para que a guarda e monitoramento de bens, valores, equipamentos ou processos estejam em segurança real.

Isto é o básico. Mas o que citamos aqui é que nós também ficamos condicionados a uma zona de segurança mental. Nossa mente às vezes encontra-se presa nessa zona de segurança. Ela nos dá essa sensação de segurança, mas também representa uma cela onde nossos sonhos e metas ficam aprisionados sem nenhuma chance de escapar.

Você certamente já ouviu falar dessa zona de segurança da mente, porém com um nome menos coativo. Você já ouviu falar nela com o nome de zona de conforto. Muitas pessoas falam para você não ficar na zona de conforto. Falam que a zona de conforto impede você de ser feliz, de progredir, de prosperar. A zona de conforto nada mais é do que uma cela, às vezes até ampla, bem iluminada, e com uma janela que te mostra um mundo inteiro lá fora. Mas sem chance de ter sua porta aberta. Você não consegue sair dela. Na maioria das vezes essa cela, porém, não tem nada de confortável, representando na verdade incômodo e descontentamento.

A zona de conforto é justamente isto. Não possui conforto, como muitos ainda não perceberam. Ela tem esse nome porque aparentemente a pessoa encontra-se estabilizada e imobilizada nela. Ela tem esse poder de paralisar uma pessoa nela, porque não revela a sua saída. Então a pessoa pensa estar segura dentro dela.

Alguns sabem que a zona de segurança é um lugar ruim para se estar, porém não conseguem se libertar dela, ficando apáticos e sem forças quando algo os impele a sair. Outros nem se dão conta de que estão nessa zona por vontade própria, mas porque existe algum tipo de bloqucio ou trava emocional que os mantêm cativos nessa área, com a falsa ilusão de que estão bem e que não é necessária nenhum tipo de mudança. Esses estão sem enxergar o essencial e então vivem na normalidade de suas vidas sem nunca alcançar o objetivo maior.

A zona de segurança deixa de ser confortável no momento em que você se dá conta de que está preso e que não consegue sair desse ciclo, e por isso não chega a lugar nenhum. O nome zona de conforto dá a entender que essa condição é uma coisa boa, mas não é. Essa condição é imposta a nossa mente pelo medo do desconhecido. Pelo medo que se sente de cruzar uma barreira, de transpor um obstáculo. Então o cérebro conhecendo essa informação acaba por se utilizar dela para evitar que nos causemos algum dano que ele supõe. O cérebro coloca logo um sofá nessa cela, e sua mente se senta nele. E não sai mais.

Muitas pessoas encontram-se nessa situação, mas não se dão conta de que estão na verdade presas por uma questão qualquer, pensando estar seguras, mas na verdade estão encarceradas, acorrentadas a uma situação na maioria das vezes nada confortável. Essa zona de conforto pode ser um salário, um emprego, uma suposta estabilidade trabalhista, um concurso público, ou um namoro, um relacionamento amoroso. Qualquer coisa que a faça se sentir com um pouco de segurança e ao mesmo tempo a impeça de dar um próximo passo.

A zona de conforto tem feito muitas pessoas desistirem dos seus sonhos, de seus planos, de suas metas, de sua vida, em troca de uma pseudo-estabilidade. Simplesmente por dar uma sensação de segurança, e então as pessoas não tem disposição para se arriscar e trocar uma situação por uma melhor. De confortável essa zona não tem nada. Ela é a condição que impede um número infinito de pessoas de se ativarem e tomarem posse daquilo que a vida já preparou para elas, bastando apenas colher. Não nos enganamos quando ao descreve a zona de conforto a tratamos como algo ruim em todos os sentidos.

Muitos dirão que o sujeito está nessa zona de segurança voluntariamente, e que ninguém é obrigado a seguir padrões preestabelecidos pela sociedade, de buscar o sucesso seja ele qual for em qualquer área da sua vida. Mas a verdade é que ninguém é voluntário para estar nessa situação ruim. As pessoas ficam presas aí porque deixaram de acreditar no seu potencial em algum momento de suas vidas. Deixaram de se mover em direção aos seus objetivos. Fizeram-se acreditar que o que possuem já está bom e que não vão precisar de mais para sobreviver.

A zona de conforto faz com que as pessoas vivam uma subvida. Não estão pensando em si mesmas ou naqueles que estão sob sua responsabilidade ou cuidado. Mas pensam que estão. E isto é até um paradoxo, pois uma pessoa não se arrisca em sair de sua zona de conforto justamente porque essa saída implicaria em colocar em risco diversas coisas, entre elas: dinheiro, salário, trabalho, reputação. Ao passo que sua saída o faria enxergar outros horizontes e conquistar muito mais. É um ciclo do mal.

Para solucionar isto é necessário que a pessoa tenha plena consciência dos seus objetivos, porque se você não sabe aonde quer chegar, qualquer caminho serve. E se você não tem uma meta estabelecida, qualquer lugar é resultado. Uma vez que tenha um alvo estabelecido é necessário estar ciente de que qualquer atitude não tomada em direção ao alvo que se quer implica em não resolução do problema. Toda vez que o sofá da zona de conforto o chamar, você tem que ter ciência que não estará mais próximo do que deseja.

Geralmente vemos que a pessoa para se motivar tem que pensar naquilo que vai ganhar se tomar determinada atitude. Mas nesse caso específico você tem que pensar naquilo que vai perder se não agir de forma a conquistar aquilo. Porque se você está em sua zona de conforto a situação está aparentemente tranquila para você. Então se pensar naquilo que está perdendo, vai fazer com que você desperte o seu olhar para algo que ainda não havia pensado. Vai fazer com que você organize os seus pensamentos de forma que eles te levem para aquele local onde você deseja estar. Isso porque o seu cérebro entende uma perda como algo gravíssimo. E ele percebendo que você está perdendo algo de muito útil e bom, será determinante para fazer você levantar do sofá.

Não que este fato em si vá mudar todo um padrão de pensamento, mas sim porque o cérebro é ativado por uma série de gatilhos entre eles o da escassez, e para ele, ao entender que você estará perdendo algo que poderia ser seu, faz com que você se mova para realizar tal tarefa. Isto requer prática porque estaremos a todo instante sendo desmotivados por outros pensamentos, e à medida que conseguimos transpor as primeiras barreiras, o caminho vai ficando mais prazeroso de ser trilhado. Além é claro de nos tornarmos mais fortes e decididos à medida que os obstáculos vão sendo vencidos.

A zona de conforto deixará de ser tão "confortável" quando nos conscientizamos que fora da cela existe um mundo a ser trilhado cheio de coisas para serem descobertas e desfrutadas, não só para nós, mas também para todos que estão sob nossa responsabilidade. Sua mente te dará a força necessária para se libertar quando você entender que a vida é muito mais do que você vê agora e que tem coisas melhores que você está deixando de conquistar tudo por causa da falta de ação.

Necessário sempre lembrar que a estrada vai além do que se vê.

8

O VIDENTE NEGATIVO

O vidente negativo sempre tenta fazer suas previsões em nossa mente. Ele sempre está lá nos mostrando suas previsões a respeito do nosso futuro. Ele também é um que não quer que você dê um passo adiante para o caminho do sucesso. Geralmente ele começa com um "eu não". E aí você já pensa logo que não pode, que não tem capacidade, que não foi feito pra isso. Ele vai te falar que você não tem preparo e que nunca seria bom em fazer tal coisa.

O vidente negativo te informa e te lembra das vezes que você tentou fazer algo e que deu errado. E então você pensa que não compensa tentar porque vai dar errado novamente. Você não entende ainda, mas aquele erro no passado fez com que você chegasse hoje bem mais preparado que ontem. Errar é aprender. Erre rápido e não erre de novo no mesmo erro. O erro é um aprendizado, ele afia as suas ferramentas para que você esteja mais habilidoso para realizar uma ação.

Mas o vidente não te mostra isso. Ele quer te mostrar que não adianta fazer nada. Ele faz você presumir que todos sabem o que você está pensando a ponto de te causar angústia por causa do pensamento que você queria implementar e não teve coragem de fazer porque se importa com o que os outros estão pensando sobre você. O vidente negativo atribui esse poder aos outros, o de ler pensamentos. Veja só que absurdo. A maioria das pessoas deixa de fazer algo, porque os outros vão pensar mal dela. O vidente negativo também te faz pensar que tem o poder de ler o pensamento dos outros. E você acredita nisso e não realiza nada. Não faz nada porque pensarão que você é um idiota, um sem noção.

Infelizmente muitas pessoas estão nesse ritmo. Quando intentam realizar algo, sua mente logo vem, baseada nas experiências anteriores, nas programações anteriormente instaladas e joga aquele balde de água fria em suas ideias. "Você não pode". "Fulano de tal tem mais preparo, e por isto conseguiu". "Você é feio", "você não serve para isto". "Vão te achar ridículo". "Vão pensar que você é louco, hein". Quanto pensamento negativo o vidente põe em sua cabeça. E desse modo você vai dando ouvidos a essa voz que faz essas previsões absurdas a seu respeito. Nunca vai experimentar o bom da vida enquanto der ouvidos a ele. Ele também tem medo de que você tome uma decisão. Quando chega o momento de fazer a escolha, certa ou errada, ele surge e diz: "olha, cuidado hein". "Estão querendo te enganar". "Você não vai se dar bem em nenhuma das opções, fique em seu lugar".

Não dê mais ouvidos a essa voz desse vidente negativo. Não tenha mais em mente esse condutor te guiando para onde quer ou te fazendo ficar parado. Acredite em você. O vidente vai te desanimar todas as vezes que você estiver a ponto de cruzar um obstáculo e cumprir uma etapa. Quando estiver entrando no ponto certo para dar o salto, virá o vidente e preverá o pior. E aí o que você faz? Simplesmente não faz. Não se joga. Não decide, não escolhe. E mais uma vez não consegue avançar.

Outro ponto em que o vidente quer influenciar é na sua visão. Ele te faz enxergar gigantes em todos os lugares. Em qualquer situação sempre te mostra um gigante, intransponível, impossível de vencer. Quando você chega a uma situação e já encontra um gigante você não pensa bem sobre o que fazer. Você só pensa: "já fui derrotado, essa já era". Você pensa assim, porque na medida em que o vidente te mostra o gigante, ele também te faz te enxergar muito pequeno. Menor do que você é na realidade. E não importa se você pensar: "Ah! mas Davi venceu o Golias e não eu", porque o vidente lhe tirou a pedra e também a fé.

Não enxergue gigantes ao seu redor. Pare de ver gigantes à sua volta. Comece a enxergar o gigante em você. Comece a perceber que a sua força interior te faz maior do que o suposto gigante que lhe foi apresentado. Você é muito maior que o seu problema. Você é infinitamente maior que o obstáculo que surgiu ou foi colocado à sua frente. Não tenha mais medo desses gigantes. Observe que se você mudar o seu ponto de vista, se você for para o alto, esses gigantes de hoje vão parecer formigas muito pequenas.

Abandone esse vidente. Coloque uma mordaça na boca dele, ou coloque um fone nos seus ouvidos com aquela música "Eu posso, eu consigo". Quando você fizer isso o vidente não tem mais o que fazer, pois sua função é somente a de trazer negativismo e inércia.

9

A GEOGRAFIA DO LOCAL

O conceito de lugar é muito importante para a geografia. Lugar é o espaço apropriado ou percebido pelas relações humanas. Cada pessoa irá enxergar o mundo de uma determinada forma baseada nas suas experiências vividas e aprendidas ao longo da vida, de acordo com valores sociais e morais e até mesmo religiosos. A importância da percepção do "lugar" é tão importante para nós como a própria visão física do local em si. O modo como percebemos o lugar cria certo padrão mental e um sentimento de pertencimento a ele ou a outros com ele parecidos ou relacionados.

Se sua mente internalizou que você pertence a um determinado lugar ela criará uma rede de ideias e percepções sobre quais lugares são adequados e confortáveis para você. É por isto que muitas vezes você se sente bem em alguns locais e em outros nem tanto, querendo até fugir deles. E a percepção de lugar nesse nível te traz coisas que são cruciais para o seu sucesso ou o seu fracasso. Tudo que está contido naquele "lugar" pode ser bom, agradável, desejável para você, ou não. Isso vai depender de como você enxerga esse lugar. Se o lugar for pra você, as situações, bens, pessoas, são para você. Se ao contrário, for ruim para você, tudo isso será ruim, pois pertencem àquele lugar.

"Esse lugar não é pra mim"! Esse pensamento já deve ter permeado a sua mente pelo menos alguma vez na vida. Muita gente fica paralisada em determinadas situações porque interpretam que não merecem chegar a algum objetivo, a algum lugar. E se a sua mente não foi treinada, preparada para estar em lugares de sucesso, de destaque, ela não irá reconhecer o pódio como seu lugar. Isso fará com que você fique preso a situações ruins. E as tratará como boas, muito embora não sejam.

"Esquece, aqui não é lugar para você!" Outra frase que muita gente já ouviu, até mesmo de sua mente. Isso anula todas as chances de alcançar algum sucesso nesse lugar. Quando você ouve essa frase é como se te jogassem um balde de água fria, pois se você não tiver a determinação necessária para continuar, você vai parar ou voltar de onde veio. Quando você fala uma frase dessas para você mesmo, sua mente já entendeu que você não quer chegar lá ou permanecer lá, se já chegou. E ela fará de tudo para que você não consiga, pois uma ordem já foi dada no sentido de não conseguir.

Se você encara um certo "lugar" como não pertencente ao seu nicho, esse lugar não será aceito pela sua mente como algo bom. Não estará à vontade nesse lugar e por consequência não estará apto a usufruir das benesses que esse lugar possa te oferecer. Aquele emprego dos sonhos, a sua empresa de sucesso, relações pessoais e afetivas, representam lugares mentais de bem estar. Se você pensar que não pertence a esses lugares, eles não serão para você. Se você, no entanto entender que não teve acesso a isto antes, mas que pode usufruir disso agora, esses lugares passarão a lhe ser familiares e comuns.

Parece estranho dizer que alguém não gosta de estar em lugares bons e melhores do que frequenta atualmente, e alguns vão dizer que essa percepção é questão de gosto. Sim, mas de onde vem o gostar desse lugar? Da percepção que sua mente te provoca baseada nas experiências que você acumulou ou nos ensinamentos que aprendeu. Se você só teve acesso a ensinamentos mínimos sua percepção estará limitada a isso. Não estamos falando de educação formal. Falamos sobre níveis de cultura. Se você viveu também em algum local que continha alguns fatores de risco social, também pode ter bloqueios emocionais em relação a determinados lugares melhores.

Dentro do conceito de lugar a análise não é feita diretamente nem racionalmente. Ela é feita do ponto de vista da percepção humana, e por isso, como já dissemos, sua mente vai te trazer conforto ou não de acordo com aquilo que está instalado nela.

O *lugar* que falamos aqui não é somente físico, mas é um estado de coisas que sua mente enxerga como ambiente propício ou não para você estabelecer suas relações de sucesso.

Quando se sentir desconfortável, mas ter a certeza de que o lugar é bom para você, pense e diga: "Esse lugar é para mim", "Almejo este lugar e cheguei", "vou me assentar no meu lugar". Trabalhe a sua mente no sentido de **não permitir que ela anule você geograficamente**. Comece a pensar no lugar que você pretende chegar como algo bom. Como algo que é do seu desejo. Como algo que você ainda não experimentou, mas que deseja experimentar para saber se é bom ou não. Seja corajoso, e não trema as pernas mais quando estiver prestes a entrar no "lugar" que você merece. Mostre para o cérebro que você está no controle e que pode pertencer aos lugares bons, altos e de destaque. Ou mostre que também pode ficar nos lugares que você quiser e não ser mais limitado a uma geografia imposta pelo seu passado e que aprisionou a sua mente.

O resultado disso será uma nova vida. Não ficará aflito todas as vezes que pensar em chegar, alcançar um lugar diferente do seu, um lugar onde você vai se estabelecer para alcançar o seu objetivo, o seu sucesso.

10

EXÍLIO MENTAL

Exílio é uma situação onde a pessoa está fora de sua morada, ou país por motivo forçado ou por livre escolha. O exílio foi uma prática muito comum no passado. Mas ainda hoje muitos que não saíram de suas casas ou do seu país, vivem nessa condição de degredo em suas próprias mentes. Certas pessoas nunca sairão dessa situação, por acharem completamente comum tal prática. A vida é um ciclo, e em algumas vezes as pessoas são submetidas a determinadas situações que as marcam muito e das quais é muito difícil sair sem ajuda. Situações de traumas físicos ou psicológicos que tiram a alegria de viver causam um estado mental que aprisiona a pessoa em seus próprios pensamentos.

Um exilado mental vive uma realidade paralela. Vive a vida comum, mas o seu eu verdadeiro está escondido dentro de sua mente. É nesse país interior que a pessoa está a todo o momento. Não importa se está no momento de descanso, ou realizando alguma atividade seja braçal ou intelectual. Muitos entram nesse ritmo e permanecem durante muito tempo do seu dia. É como se fosse um refúgio, onde a pessoa escapa da realidade e se abriga em seu mundo interior.

A vida tem suas pressões naturais e às vezes algumas pessoas não as suportam e tem essa forma de lidar com a realidade que se lhes apresenta. Outras vezes a pessoa encontra-se tão sem foco nas coisas que está a realizar que foge mentalmente do real e busca refúgio no imaginário. Quem nunca se deparou com a situação de estar fazendo algum tipo de trabalho e do nada perde a concentração, e quando desperta novamente para a consciência, está com o seu trabalho parado? Muitos já experimentaram tal situação e a acham comum.

O lugar para se viver é na realidade, no mundo real. Fantasia é boa de vez em quando, mas precisamos estar presentes e focados no mundo real. Às vezes um pouco de ilusão é realmente necessária para alimentar nossa criatividade, mas na hora de realizar algo, é no mundo real que precisamos estar.

A condição de exilado mental também pode ser algo em que a pessoa foi colocada por uma situação ou um terceiro. Pessoas já anteriormente fragilizadas, ou com traumas do passado que sofrem cada vez mais pressão externa podem buscar refúgio dentro de si, mas de uma forma negativa, simplesmente ficando perdidas dentro de sua mente sem fazer nada de útil para si mesmo.

Reconhecer essa condição é a maneira de sair dela. Temos que perceber se estamos vivendo nesse estado, pois a vida tem de continuar. Precisamos estar atentos ao mundo real e deixar o mundo ilusório da mente que nos prende. Não basta reconhecer o exílio, e sim escapar dele, voltar para a realidade sempre que sua percepção reconhecer que está perdido na mente.

As pessoas continuam sem resultados práticos na vida devido ao exílio mental. Se vasculhassem a mente, andassem por ela em busca de algo que pudesse modificar ou impactar a vida de outras pessoas, seria muito produtiva essa viagem pela mente. Você poderia fazer viagens intencionais em busca de respostas para os diversos problemas que o afligem. Mas passear perdido pela mente sem intenção de produzir algo de útil não é prudente, pois o tempo vai passando e você não conseguirá conquistar aquilo que precisa, pois não aprimorou a sua mente e simplesmente se perdeu em pensamentos dentro dela.

11

CHOQUE DE REALIDADE

O choque de realidade ocorre quando você realmente percebe que tem algo errado na sua vida. Você olha para um lado, olha para o outro e vê que você não saiu do lugar onde estava há um tempo atrás, ou embora tenha andando um pouco, não chegou nem perto do lugar que almeja. Muitas vezes até surgem comparações tais como: Fulano conseguiu isso e eu não, fulano comprou isso e eu não posso.

Na vida temos sempre diversas opções a escolher, e se nossa mente não estiver preparada escolheremos aquilo que não era o melhor para nós. Tem vezes que não escolhemos e a nossa falta dc ação nos leva por caminhos que depois de um tempo nos arrependemos. Aquele que não faz as escolhas necessárias terá que se contentar com o que a vida lhe trouxer. Se você não for o capitão de sua vida, terá que suportar as ondas que o mar lançar sobre o seu barco e viajar ao sabor da maré.

Por mais que você se prepare do ponto de vista acadêmico, a maioria das coisas não são garantidas por um diploma. A escolarização só te formata para um padrão de vida que é seguir como empregado em uma empresa e trabalhar para alguém, ou ser aprovado em um concurso público e trabalhar para o governo. Não que isto seja algo ruim, mas o é se a pessoa sente que tinha um potencial para algo maior, e não realizou. Raros são os que se colocam no mercado por conta própria e conseguem se manter.

O sistema educacional formal valoriza muito a inteligência lógico-matemática, que é aquela que quantifica as coisas, formula hipóteses e as comprova. Isto se dá porque ela serve muito bem aos propósitos sociais preestabelecidos relacionados ao mundo do trabalho. Em outras palavras, a escola prepara os jovens para trabalhar em empregos formais geralmente para alguém que os provê com um salário em troca de suas horas de tarefas.

A preparação para enfrentar os desafios da vida está mais relacionada à combinação dos diversos tipos de inteligências, entre as quais se destaca a emocional nos dois pontos, intrapessoal (autoconhecimento) e interpessoal (relação com os outros). O indivíduo que conhece a si mesmo sabe as suas capacidades, não para se limitar, mas justamente para se aprimorar, para buscar aquilo que falta e o indivíduo que consegue se relacionar com os outros de forma a atender e a suprir o que o outro precisa, tem grandes chances de se destacarem no grande tabuleiro do jogo da vida real. Qual proveito tem saber cálculos variados se não consegue olhar para dentro de si nem ter empatia para lidar com o próximo?

Nós vivemos em um mundo socialmente desigual, mas com oportunidade para todos. Nele estão todos os tipos de pessoas. Aquilo que falta em umas está transbordando em outras. Devemos buscar esse encontro de nós mesmos para que possamos transbordar na vida do outro aquilo que temos e que ele precisa.

Sejamos claros naquilo que temos a fazer. E para a clareza de ações temos que ter uma clareza de pensamentos. Nossos pensamentos devem ser voltados para coisas de utilidade em sua maioria. Muito embora pensamentos vagos às vezes façam com que nossa criatividade seja aguçada. Devemos ser intencionais em nossas ações. E para ações intencionais precisamos de pensamentos intencionais. Não podemos esperar ações assertivas de pessoas cujos pensamentos não têm certa clareza de onde pretendem chegar. Os nossos pensamentos são os condutores de nossa vida na medida em que é deles que partem a motricidade das nossas ações.

A busca pela mudança se inicia na autoanálise. Quando a pessoa se volta para dentro e busca entender se há algo de errado com ela, ela tem a oportunidade de encontrar as raízes daquilo que tem feito mal a ela. Encontrando os erros vai buscar um conserto, uma solução para eles. É preciso buscar a fundo, pois na grande maioria das situações o que você procura está no seu subconsciente.

Uma pessoa só vai encontrar o que a impede de avançar se vasculhar dentro de si, porque a trava que te segura não está do lado de fora e sim internamente. É semelhante à estória do elefante preso no pé de alface. Ele acredita que a alface o segura, pois foi condicionado a isso desde pequeno. Solte as amarras.

12

A MENTE COMO PONTO DE PARTIDA

Existem três divisões na mente humana. O consciente, o subconsciente e o inconsciente. O primeiro é a parte acessível a qualquer momento, é a parte pensante do cérebro. Ela trabalha com alguns padrões pré-definidos e identifica baseado nisso se algo é bom ou ruim para a pessoa.

O segundo é o subconsciente onde ficam as nossas memórias que nos trazem as crenças. O que você acredita em sua vida está nesse local. Se você acredita que uma coisa boa ou ruim pode acontecer em sua vida, é o subconsciente que controla isso baseado no significado que você deu para as suas experiências passadas. Decisões que você toma mesmo que de forma involuntária, também são baseadas nele. O subconsciente não é racional. Ele vai atribuir como verdade qualquer informação que você introduzir e impregnar nele, tanto positiva quanto negativa. O acesso ao subconsciente é mais fácil quando nos encontramos em estados de ondas cerebrais mais lentas. É nesse momento que podemos inserir informações e sugestões. Os períodos para isso são os momentos antes de dormir e logo ao acordar e durante a meditação.

Existem decisões que aparentemente são tomadas pela mente consciente, mas na verdade foram tomadas pelo subconsciente. Profissionais de marketing se utilizam desse conhecimento para nos fazer tomar decisões baseadas em formas, cores, e estratégias de apelo denominadas gatilhos mentais. Muitas vezes você não queria ter comprado certo artigo, mas acabou comprando, se arrependendo depois, e sem saber por que fez aquilo. Não se engane. Foi o seu subconsciente que foi acessado pela propaganda e tomou a decisão para você.

O inconsciente por sua vez é a parte da mente que atua como um mecanismo de proteção. O inconsciente armazena os arquivos com as memórias emocionais e sinestésicas tais como o ato de andar. Uma vez aprendido não necessitamos mais pensar para fazê-lo. Algumas experiências são traumáticas e prejudicariam nosso desenvolvimento caso estivessem livres na mente e por isso são reprimidas ali. É um local de difícil acesso para a mente consciente.

Para que possamos trabalhar com a parte mais profunda da nossa mente é necessário que acessemos o subconsciente, pois ele faz a comunicação entre a mente consciente e a inconsciente. Também o fato de as crenças estarem localizadas no subconsciente faz dele o lugar ideal para atacarmos quando queremos ressignificar alguma memória traumática. A mente aprende e se molda à medida que praticamos algum padrão de pensamento. Se você sempre pensa em coisas negativas e o faz com constância o subconsciente começa a aceitar aquilo como algo real, pois ele não faz julgamento se é fantasia ou realidade, sendo altamente influenciado e absorvendo as informações como se verdadeiras fossem. Se ao contrário você trabalhar a sua mente para pensar sobre coisas positivas e produtivas, o seu cérebro vai entender que é aquilo que você está disposto e espera da vida. Então essa preparação fará com que você esteja apto a realizar e a receber as coisas positivas plantadas no terreno da mente.

Comece a cuidar dos seus pensamentos. Tenha pensamentos de paz, de prosperidade, de saúde. Não pense em coisas erradas para que a sua mente subconsciente aceite-as. Tenha pensamentos produtivos. Pense em você com adjetivos positivos. Isto fará uma diferença enorme na condução da sua vida daqui para frente. Uma mente que se autossabota não o faz com más intenções, pois como já dissemos, ela não faz julgamento sobre isso. Ela o faz porque conscientemente plantamos pensamentos destrutivos em nós mesmos.

Imagine um terreno fértil, porém vazio. Sem plantas no momento. E você é dono daquele terreno e tem a oportunidade de plantar o que você quiser. Você tem em suas mãos diversos tipos de sementes. Sementes de todos os tipos e você sabe quais são as mais produtivas, e quais frutos elas produzirão. E você terá que escolher quais vai semear. Tenha em mente que aquilo que você plantar, será sua colheita a seu tempo. Tenha em mente que se plantar maçãs não colherá bananas depois.

A sabedoria está na escolha das sementes que vai plantar, porque não haverá surpresas depois. Você tem que plantar a semente escolhida sabendo que ela vai produzir e frutificar naquilo que já estava dentro dela.

Assim é nossa mente. É um terreno pronto para o plantio e as sementes são os pensamentos que temos a todo momento. Se você tem pensamentos de derrota, destruição essas são as sementes que estarão sendo semeadas no terreno da mente. E acredite. Eles vão frutificar. E os frutos não são nada agradáveis. Muitas vezes você já está nesse ciclo, mas é possível mudar. E a mudança depende só de você. Basta querer.

Reflita sobre a sua vida e sobre os pensamentos que tem plantado na sua mente.

13

A BOA SEMENTE

Escolher a semente apta para plantio é o segredo que o agricultor experiente utiliza para iniciar a sua colheita. Sim a colheita começa na escolha das sementes. A semente é a base da colheita. A semente é o princípio. De nada vale o agricultor possuir a terra fértil e todos os insumos capazes de ampliar a sua produção agrícola se ele não aplicar na terra as melhores sementes de que dispõe. A semente boa é primordial para que os frutos sejam os melhores possíveis. Depois vem coisas como sol, água, fertilizantes. Mas a escolha da semente é o principal nisso tudo.

A nossa mente, como já dissemos, é esse terreno fértil onde será plantada a semente. É preciso que apenas as sementes produtivas, sementes de bons pensamentos sejam plantadas, porque independente da qualidade da semente, ela vai germinar e a seu tempo produzirá o seu fruto. Escolha bons pensamentos.

Alguém habituado a reclamar da vida e a pensar somente em pensamentos derrotistas pode julgar como uma coisa idiota a prática de bons pensamentos. Mas é justamente aí que se encontra a diferença no resultado final. A sua mente te prepara para realizar as ações que te trarão os resultados que busca. Se você pensar somente em falhar, perder, prejuízo, medo, situações difíceis e negatividade, sua mente vai te ajudar com isso e vai criar todo tipo de cenário e possibilidades para que você tenha êxito em seu desejo. Sim. Para a sua mente os seus pensamentos refletem o seu desejo, não importando para ela se são para o bem ou para o mal.

E esse é o motivo pelo qual muitas pessoas não conseguem sair do lugar. Um pensamento gera um sentimento, que por sua vez gera a ação que levará a um resultado. Esse resultado tem intimidade com o que você pensa. Prestem atenção nisso. Os resultados que você tem em sua vida são íntimos dos pensamentos que você tem. Se seus resultados estão nulos, ou negativos, certamente o seu volume de pensamentos estão tendendo para o negativo. Pode prestar atenção nisso. Reflita um pouco e lembre que tipo de pensamentos você tem tido. Veja se você mesmo não tem sabotado a sua vida através dos seus pensamentos.

Uma boa medida para isto é você lembrar o que você pensa toda vez que você começa a planejar ou intentar algo. Lembre-se de quais pensamentos você põe em sua mente quando pensa nas ações que vai tomar. Reveja os pensamentos que tem quando pensa no resultado. Muitas pessoas, logo que começam o planejamento, já pensam sem querer: "isto não vai dar certo", "não vai funcionar", "vai dar em nada". Sem perceber mataram o seu sonho. Contaminaram os projetos com um elemento prejudicial que vai impedir o seu crescimento. Isso parece loucura, mas é justamente assim que inicia o fracasso do projeto.

E geralmente a pessoa nem tem essa consciência de que o que ela pensou influenciou em seus resultados. Quando você planeja fazer algo, mas sua mente já está contaminada com pensamentos negativos, de fracasso, o seu cérebro entende que você não quer aquilo pra você. Então ele deixará de realizar as suas tarefas necessárias e você não consegue fazer o que precisa para chegar ao lugar que deseja. Isso é muito comum. Isso é tão comum que é feito instintivamente e até coletivamente.

Quando você está conectado a masterminds negativas o seu cérebro valida a sua carga negativa de pensamentos, porque a todo tempo ele está recebendo estímulos externos que corroboram com o pensamento negativo que já está instalado nele. E isso faz com que a energia negativa seja potencializada. É um ciclo vicioso de maus pensamentos e negativismo. A vida fica difícil, nada que se intenta se consegue, porque por padrão, não adianta se fazer nada, porque o resultado será sempre negativo. E esse fator vai sendo validado por outros do seu ciclo. E o sistema vai funcionando assim para todos. Todos sendo derrotistas, viciados em reclamação e sem nenhum resultado. Dependendo sempre de um fator externo que em seu ponto de vista poderia mudar as suas vidas, mas não muda. Vivem a esperança estática de que a vida vai melhorar, mas que não depende deles para isso. Dependem de algo que venha de fora para lhes dar felicidade e dinheiro. E como não recebem, mais reclamação é necessária como desabafo, para equilibrar a pressão interna de suas vidas sem resultado.

Quem de nós nunca esteve perto de uma pessoa que sempre reclama de tudo. Nada está bom, nem satisfatório Nunca estão contentes com o que tem ou o que recebem. É aquela metáfora sobre a grama do vizinho ser sempre mais verde que a sua. É nisso que baseiam seu pensamento. Em que o outro teve uma dádiva e eles não. Viver ou conviver ao lado de pessoas com esse pensamento é muito ruim. Você fica incomodado com isso e acaba sem ação, sem poder fazer nada. Você tenta falar com a pessoa sobre isso, mas é chamado de chato (que ironia). E o pior, quando isso se dá por muito tempo, você acaba se contaminando e começa a reclamar também porque passa a achar que se trata de algo comum e natural da vida. Certo dia ouvi que reclamar é clamar novamente para que a vida lhe traga mais daquilo que você não quer. De fato observando a etimologia da palavra, o prefixo "re" intensifica a ação no sentido de que indica repetição da mesma. A reclamação se torna realmente um vício porque quanto mais você reclamar mais terá a impressão de que está resolvendo o problema, mas na verdade está apenas reafirmando essa situação verbalizando e relembrando que ela está em vigor. Existem pessoas que fazem isso diuturnamente e nem se dão mais conta disso porque já se tornou hábito consolidado na mente.

Ao contrário disso quando você cultiva a prática de bons pensamentos, positivos, produtivos, sua mente dá uma virada naquela situação transformando-se em um pomar de árvores frutíferas variadas e coloridas. A prática de bons pensamentos é o plantio de sementes desejáveis, saudáveis e com frutos agradáveis a seu tempo.

Nenhum de nós deseja o mal para si mesmo, mas existe um padrão de pensamentos que aprendemos, no meio social, ou dentro de nós mesmos por causa de algumas travas emocionais que nos fazem pensar assim e nos prejudicar.

14

COMO PLANTAR NOVAS SEMENTES?

Durante o dia várias informações passam por nós. E nós as absorvemos, processamos e interpretamos de acordo com nossos filtros internos fazendo que aquela informação seja adaptada a nossa realidade para o bem ou para o mal. Em uma comparação com o sistema digestivo é como se mastigássemos o alimento para facilitar a deglutição. Com a mente é a mesma coisa. Os seus cinco sentidos tem contato com as informações e estas são processadas pela mente baseado em experiências já vividas. Por isso grande maioria das pessoas tem dificuldade em processar ou aceitar novas informações e conceitos.

As sementes do pensamento estão prontas para serem plantadas e a melhor forma de se fazer isto é se concentrando naquilo que se deseja que a mente absorva. Se você policiar os seus pensamentos e agir toda vez que um pensamento medíocre atacar a sua mente, você conseguirá modificar o padrão de funcionamento do seu cérebro. Você começa a instalar novos drivers mentais, preparando arquivos que serão acessados toda vez que o seu cérebro precisar resolver algo. Isto é uma reprogramação mental. Você disponibiliza para o cérebro novos arquivos, voltados para o sucesso, para a vitória. Você disponibiliza para ele novas perspectivas para interpretar os fatos sob uma ótica mais positiva. Isto fará com que as respostas automáticas sejam sempre voltadas para a positividade, deixando de lado o negativismo do passado.

Mas como fazer isso? Como instalar esses drivers se eles são programações profundas? Como reiniciar o seu cérebro de forma a instalar novos programas? Essa reprogramação é mais bem instalada se você aproveitar os momentos pré e pós-sono, que são os melhores horários para se acessar o subconsciente. O pensamento que você levou pra cama antes de dormir é o mesmo que estará com você ao acordar. Por isso as pessoas que tem pensamentos fixos sobre coisas ruins, acordam com aquilo novamente em sua mente e pensam que é natural, e aplicam involuntariamente em suas vidas coisas negativas e que produzem resultados que elas não desejam.

Ao deitar comece com pensamentos de paz, de vitória, pense nas coisas classificadas como boas para você. Inicie com essas coisas fáceis porque o seu cérebro vai duvidar de você e vai tentar colocar imagens e situações negativas que antes eram o padrão para ele. Então tenha coragem e força de vontade para enfrenta-lo e mude para as imagens e imaginação que você deseja instalar. Aproveite aquele relaxamento inicial do sono para acessar o seu subconsciente e veja-o como uma terra fértil e você como o semeador, com um punhado de semente boas, bem escolhidas nas mãos. Comece a plantar bem os pensamentos tendo a certeza de que germinarão. Sua mente receberá essas sementes tal qual a terra recebe das mãos do agricultor. Elas estão ali guardadas. Sua mente se encarregará de cuidar bem das sementes, desde que você as regue em outros períodos. Fazendo isto nos dois períodos, rapidamente você já vai observar uma melhora significativa na purificação dos seus pensamentos.

Ao despertar, sua mente logo lançará aquele pensamento que estava ativo quando você dormiu, e é aí que você inicia seu trabalho de reprogramação. Saia da cama com aquele bom pensamento. Não plante logo cedo aquela preocupação com horário, com as tarefas que terá que realizar durante o dia. Aproveite esse momento para estar em paz com você. Muito difícil no começo, mas não impossível. Procure um local tranquilo em sua casa, ou no próprio quarto e inicie fazendo uma oração de agradecimento. Seja grato ao que você teve no dia de ontem, e agradeça também pelo que você ainda vai ter. O exercício da gratidão vai trazer benefícios maravilhosos. A prática da gratidão produz no hipotálamo um hormônio chamado ocitocina. A ocitocina é o chamado hormônio do afeto, porque entre vários outros estímulos que ela inicia um processo que traz tranquilidade, reduz a ansiedade, o medo, a fobia. É o hormônio da paz interior.

Além disso, outro hormônio produzido pelo cérebro que é desencadeado pela prática da gratidão é a dopamina. Esse hormônio aumenta o nível de prazer do corpo. As pessoas que expressam gratidão têm níveis mais elevados de positividade, são mais satisfeitas mesmo com pouco, estimula a vitalidade. O otimismo também permeia a vida daqueles que são gratos.

Assim inicia o ciclo virtuoso da reprogramação mental. Você dá um primeiro passo, sua mente faz a grande parte e o seu cérebro continua na cadência, contribuindo com seus produtos hormonais, ligados ao prazer. Não tem como dar errado, pois você chega ao fim do dia com menos carga negativa do que estava no dia anterior. E aí você novamente entra em ação recomeçando esse ciclo antes de dormir.

Aplicando essa técnica dos pensamentos de reprogramação, a pessoa já sentirá certa melhora, pois naquele intervalo entre o antes de adormecer e o acordar, muito embora a pessoa não se dê conta, o cérebro continua trabalhando e tentando encontrar a lógica naquilo que você pensou e declarou positivamente. A mente subconsciente também está ativa o tempo todo desvendando aquelas novas declarações positivas, porém sem fazer julgamentos se são verdadeiras ou falsas, mas armazenando-as para posterior uso.

Alguns dias realizando esse trabalho de pensar e declarar afirmações positivas farão com que sua mente esteja preparada para reagir positivamente em relação a coisas que ocorrem com você no decorrer do dia. A mente tem poderes incríveis se bem utilizados. Você consegue reprogramar o seu cérebro, se se dispuser a realizar o uso do poder do pensamento positivo e da gratidão.

Muitos se tornam céticos em relação a esse assunto, pois acreditam que seja mera fantasia ou imaginação. E é justamente esse fato, pois imaginação é coisa da mente criativa humana.

15

A IMPORTÂNCIA DA DECISÃO.

Na vida temos sempre diversas escolhas. Por mais que alguns pensem ou afirmem não ter oportunidade ou que suas oportunidades não são tão boas como as dos seus vizinhos, todos nós temos sim. O problema é que muitos não conseguem enxergar isto. Muitos estão tão ocupados pensando somente nos seus problemas que não se dão conta de que estão deixando passar várias boas chances de alcançar aquilo que querem. Basta refletir bem sobre os dias da sua vida. Vai lembrar que teve algum fato ou acontecimento que na hora do ocorrido você não pensou bem sobre o que fazer, mas que se tivesse a chance de voltar no tempo, teria optado ou feito algo diferente.

No momento em que ocorre, nunca saberemos o resultado, se não tomarmos uma atitude. Não fazer nada já é uma decisão tomada. É a decisão da inércia. Porém o que muita gente não entende é que a inércia já tem o seu resultado programado. Se você não fizer nada, nada vai acontecer de diferente. A resposta para a inércia é o resultado comum que já tem acontecido na sua vida. E você já sabe que não está bom.

Ao contrário disto, você pode usar o poder da decisão. Se decidir fazer algo quando estiver frente a um desafio, você não sabe o que vai acontecer na frente, mas é isso mesmo que a vida nos oferece. A incerteza do que está à frente, mas o futuro que você pretende pode estar ali atrás da porta que você decidiu não abrir. O seu tão sonhado prêmio certamente estará depois daquela escada que você não quis subir, ou depois da montanha que você não escalou.

Os obstáculos sempre vêm para nossa vida como um teste. Se você não está disposto a vencê-los, ou nem sequer tentar fazer algo para contorna-los certamente não chegará a lugar algum. Certamente não conseguirá alcançar aquilo que pensou. Tem certos momentos em que até mesmo com planejamento, com um plano, nós deixamos de tomar as decisões necessárias para chegar à próxima etapa. Temos a mente no alvo, mas alguma coisa acontece e nós não conseguimos avançar. Nosso poder de decisão é a chave que temos para resolver isso.

Para uma vida produtiva temos que aprender a tomar decisões. Mesmo que sejam decisões erradas, temos que aprender a toma-las.

Ninguém vai avançar se não decidir. O poder da decisão é algo maravilhoso, pois tem o condão de nos tirar do estado de inércia e nos levar ao próximo passo. **Sem decisão nada acontece**.

Mas tenha em mente que não é tão fácil. Toda decisão que você toma sempre deixa algo para trás. Você tem que estar preparado para perder. Toda escolha traz uma renúncia. E é por isso que é tão difícil para algumas pessoas escolherem algo. Você já esteve com uma pessoa que não consegue se decidir? Essa pessoa não sabe, não aprendeu a fazer suas próprias escolhas. E por isso não experimentou a mágica que é alcançar os resultados.

De certo se habituou a receber aquilo que lhe entregam, sem fazer questionamentos. Não lhe deram a oportunidade de escolher para aprender a decidir.

As crianças tem que ser treinadas para fazerem escolhas. Por mais que elas precisem da segurança que as decisões dos pais dão, nas coisas simples elas podem perfeitamente tomar uma decisão. Sobre a escolha de um brinquedo, sobre o sabor de um sorvete, sobre algum entretenimento. Sendo assim elas entenderão que optando por um, o outro ficará para trás. Ganhando um, perderão o outro. E isso será natural para elas no futuro. Isso terá importância para que não sejam adultos indecisos. Fazer essas pequenas escolhas, que são de certo modo, difíceis para o nível de cognição delas, será primordial para a formatação do caráter e assim tomarão decisões mais acertadas com o passar do tempo. E depois será até interessante para as mesmas, pois saberão que tem sempre uma escolha. Entenderão que há uma saída, pois podem fazer uma opção diferente.

Se você não programa o seu cérebro para tomar decisões lógicas, ele estará à mercê das decisões baseadas nas programações já instaladas nele pelo nosso DNA. E quem entende disso pode manipular você como queira. Já falamos sobre isso quando mencionamos os gatilhos mentais, que influenciam nossas decisões com cores, formas, apelos de todo tipo. Se você não decide baseado na sua vontade, vão decidir por você. Na vida iremos fazer várias escolhas. Algumas decisões são mais importantes ou mais graves que outras. Mas tenha sempre a certeza de que a decisão que tomar hoje vai influenciar sua vida no futuro, então tenha cautela.

Mas como treinar uma boa decisão se até hoje não me foi permitido decidir?

Tome decisões rápidas. Quando chegar a uma encruzilhada decida-se logo. Tome a primeira decisão que vier a mente. Decida sem escolher. Certamente pode ser a decisão mais errada que já tomou. E poderá sofrer as consequências por isso. **Mas isso ligará uma luz de alerta no seu cérebro**, e a cada vez que necessitar de uma tomada de decisão ele vai ser mais rápido e vai te ajudar a tomar decisões cada vez mais acertadas para evitar que você faça a pior escolha novamente.

As pessoas de sucesso tomam decisões rápidas. O fato de tomarem decisões rápidas evita a perda de oportunidades. Elas se mantêm mais tempo também naquela optativa que escolheram, ou seja, persistem mais tempo. Ao contrário disso o fracasso está próximo das pessoas que demoram a tomar decisões e a trocam com facilidade, sem manter constância em suas ações.

A prática da tomada de decisões vai aproxima-lo mais do seu alvo. Decida algo importante hoje. Decida não ficar parado. Decida vencer.

16

NÃO VOLTE ATRÁS

Toda mudança gera um desconforto. Toda mudança demanda um gasto de energia. E para toda mudança tem que ter disposição. Sem isso não conseguimos sair do lugar. Mas agora já estamos caminhando num rumo certo, e sabemos que devemos continuar. Olho no alvo e força para chegar lá. Sim, queremos chegar lá.

Mas surge aquele desânimo. Embora tenhamos um sentimento de satisfação por causa das pequenas mudanças e dos primeiros resultados, ainda assim vem aquela voz que ainda fala: "Será que vai dar certo?" Agora não é mais hora para isto. Essa voz deve ser ignorada e anulada. Desde que você se ativou precisa acordar e entender que não tem mais volta. Uma vez que colocou o pé na estrada e se dispôs a concluir uma tarefa, devemos esquecer essa voz teimosa que não quer nos deixar seguir. Caso contrário voltaremos à famigerada zona de conforto. Ela gosta de nós. Ele não quer nos perder e sempre vai nos mandar recados a fim de que fiquemos nela, voltemos nela. Nada de olhar pra trás.

No trânsito o retrovisor é importantíssimo, pois está lá como um olho traseiro nos informando visualmente a situação do que passou ou do que está vindo atrás. Bem utilizado ele evita acidentes e promove uma viagem tranquila. Mas na vida não há como olhar o retrovisor. O que passou está no passado, e pode ser revisitado, mas não fixado em nosso olhar. Não podemos manter os olhos no retrovisor da vida porque isso vai te obrigar a ser mais lento nas suas ações. Isso quando não te faz parar. Olhar para o passado também pode fazer você querer ficar preso nele, seja em algo bom ao seu tempo ou em algo ruim e traumático.

A vida deve ser vivida a seu tempo, com olhos no futuro e não no passado, pois é a cada momento que se vive a vida. **Cada passo dado é a construção do caminho**. Não se vive andando de marcha ré. Damos um passo, vivendo o momento, e de olho no futuro à frente.

Não se pode olhar pra trás a todo tempo porque senão tropeçamos. Se você pudesse voltar atrás para consertar algo de errado ou aperfeiçoar algo certo, sim, talvez valesse a pena. Mas voltar atrás somente para estar ali e ficar parado não compensa. Você vai estar sabotando os seus projetos, o seu presente e o seu futuro. O momento de agir é agora. O passado conhecido da forma como vemos, não vai mais te transformar, porque o que ele tinha que entregar, já entregou. Ele é o que nos trouxe até aqui. Ele é o que nos formou pra estarmos no agora. Mas não vai mais atuar em nossa vida. Será somente um peso se caso fixarmos nossos pensamentos nele. Trará angústia sobre aquilo que não vivemos, sobre aquilo que deixamos de conquistar por medo, timidez ou vaidade. Não terás bons frutos, pois os frutos que se podia esperar do passado são esses que estamos colhendo no presente.

Não volte atrás.

As dúvidas que se seguem no futuro serão sanadas a seu tempo. As incertezas serão provadas a seu tempo. Temos o condão de modificar nossa realidade baseado no agora. Devemos ficar atentos a isto, pois não podemos caminhar com o passado às nossas costas. Metaforicamente devemos deixar o passado de lado. De lado porque não nos importa mais. Atrás de nós deve estar o nosso propósito, a nossa missão. E a frente o nosso alvo. Nosso propósito deve estar atrás para nos empurrar para frente. Para nos ativar todos os dias. Se o passado estiver na nossa traseira, como ele vai nos impulsionar para frente? Como ele vai nos fazer seguir a diante, se na verdade ele estará nos puxando para trás, pois ficou para trás.

Se o propósito estiver de lado, ele ao invés de nos motivar a ir para frente, estará esperando que caminhemos, mas com o passado puxando para trás dificilmente estaremos aptos a seguir.

17

O TERMÔMETRO

Um termômetro é um equipamento utilizado para medir temperatura o a variação dela. Pode medir de acordo com a sua finalidade a temperatura corporal, ambiental e das coisas, alimentos, equipamentos. Isto é o básico. A maioria das pessoas conhece a função de um termômetro e já utilizaram um em algum momento de suas vidas. Mas o que muita gente não sabe é que podemos ser também como termômetros.

Agimos como termômetro quando medimos a temperatura de uma situação para saber se teremos condição de enfrenta-la ou fugir dela. Quando medimos a temperatura de uma situação estamos na verdade observando a condição imposta. A temperatura de um local faz parte do componente de um ambiente e isto pode ser determinante para alguns, pois pode ser muito quente ou muito fria. Estamos a todo tempo expostos a isso, pois uma situação nova se apresenta a todo tempo e nosso termômetro estará pronto para medir isso e fazer os cálculos necessários para entendermos tal situação e assim agirmos ou não.

A cada situação nova que surge o cérebro está lá te condicionando a ser um termômetro para saber se aquilo vai ser para você ou não. E na maioria das vezes a voz de comando que ele te dá é para não avançar. Mesmo que o avanço seja para o seu sucesso, o termômetro estará lá dizendo que a situação não está favorável. Mesmo porque o sucesso não vem de graça, demanda esforço e por isto para o cérebro, a situação pode não estar favorável para você.

Sendo um termômetro a pessoa estará submetida ao que o ambiente lhe reserva. Se estiver agradável ele ficará, mas se ao contrário, a situação não estiver favorável, ele abandona o que está fazendo.

Por isto existe outro dispositivo relacionado à temperatura também e que é o melhor para a pessoa que está disposta a vencer: O termostato.

O termostato nada mais é do que um dispositivo que regula a temperatura de equipamentos tais como geladeiras, freezers e ferros de passar. É o termostato que garante que a temperatura estará sempre favorável ao fim a que se destina aquele aparelho. O termostato impede que a temperatura de um determinado aparelho varie além do que foi predeterminado.

Uma pessoa termostato se sai bem em qualquer situação. Essa pessoa não importa se a situação se apresenta fria ou quente demais. Ela está ali para controlar. Está ali para fazer com que a situação esteja favorável a ela e aos que estão junto à mesma. A pessoa termostato vai atuar em prol do seu objetivo fazendo com que o ambiente esteja a serviço do mesmo. Não desanima quando vêm as adversidades, pois enxerga nelas as pontes necessárias para alcançar o alvo desejado. Constrói com elas as coisas que precisa para vencer os obstáculos. E por esse motivo a condição não é coisa importante para ela. A condição é subjugada e terá que ser moldada para servir a você que a dominou.

A pessoa termostato estará com sua moral ativada para não se perder durante os processos que a levarão ao local almejado, porque ela não estará submetida à temperatura do ambiente. Ele regulará essa temperatura de forma que não se importe com o que vem, mas sempre buscando estar preparada e melhor do que aquilo que vai enfrentar.

Sejamos termostatos. Vamos ajustar a temperatura do local de acordo com a nossa decisão de trabalho. Sejamos vencedores.

18

CONDIÇÃO X DECISÃO

Condição é passado. Decisão é futuro!

A condição é algo imposto e muita gente vive em função dela. Na vida de uma pessoa a condição já foi imposta. É o ambiente, é aquilo que não se pode controlar porque está ali como algo absoluto e que é inerente ao local ou ao tempo em que se vive. É a condição econômica que aflige ou favorece. É a condição física corporal.

Pessoas que vivem determinadas pela condição, normalmente não conseguem alcançar aquilo que desejam, pois enxergam o ambiente como o seu adversário, que terá que ser vencido à força e subjugado para que possa subir mais um degrau. E certamente esse ambiente é visto como algo mais forte e impossível de ser transposto. A condição é encarada como inimiga. Você já viu muitas pessoas reclamando sobre isto, sobre o fato de terem nascido com ausência ou escassez de recursos financeiros, com ausência de sorte. Isso vai determinando a sua vida.

A decisão por sua vez não depende da situação. Ela é algo que se resolve. É algo que a pessoa consegue entender e sabe que vai modificar o seu atual estado. A decisão seja ela qual for, vai tirar o sujeito do estado de inércia ou faze-lo se converter de um caminho até outro. Decidir faz com que a pessoa não se submeta à condição e nem à situação. Ela é quem determina o que fará baseada em sua própria vontade.

A decisão é a prova da liberdade de uma pessoa. Pessoas livres decidem. Pessoas livres não se tornam escravas de condição. Decidir é a chave para abrir as algemas da situação considerada ruim. O sujeito quando decide se livrar de um problema é como se estivesse dizendo para ele, que ele é muito pequeno perante a motivação dessa pessoa. As pessoas que decidem experimentam um poder incrível, pois podem tomar as rédeas de sua vida, independente da condição a que foram submetidas. A decisão é uma revolta contra o absolutismo da condição.

Vivemos em um mundo onde as pessoas não se decidem e por isto não conseguem resolver os problemas mais básicos que lhes são apresentados. E isto parece um jogo arquitetado, pois sem decidirem sobre os rumos de suas vidas, as pessoas se tornam como marionetes manipuladas pela condição. Parecem presas em um labirinto, onde ao chegar a um local que aparenta ser a porta de saída nada mais é do que um próximo corredor que leva ao mesmo ciclo de perdição.

A partir do momento em que tomamos consciência sobre a nossa própria vida temos a oportunidade de sair desse ciclo. Temos a oportunidade de sermos os condutores de nosso destino, não nos submetendo a nenhuma condição ou situação.

A situação é o momento vivido. O estado situacional é aquele em que você está submetido à condição. Ela geralmente não te favorece. Geralmente você irá reclamar da situação porque vê nela uma inimiga, uma coisa que vem para te testar e na mente de muitos para te vencer e impedir que saia do seu lugar. A situação é na verdade um elemento de realidade que é neutro, mas que dependendo da forma como você encara a vida, ela toma um viés de inimiga.

Você vence a situação quando usa a decisão para enfrentar o que se apresenta. Quando deixa a condição vencer, você aceita aquilo que foi imposto. Qual você escolhe?

19

DESCARREGANDO AS MALAS

À medida que vamos avançando na jornada da vida, novas bagagens vão sendo acrescentadas e outras vão sendo deixadas pra trás. Isso é natural porque o aprendizado do tempo e da experiência nos obriga a sermos generosos com nós mesmos. Muito bom na teoria. Mas na prática o que ocorre é que muita gente não avança porque está carregando uma bagagem pesada demais e não a larga por nada.

Imagine uma pessoa numa rodoviária ou aeroporto com umas cinco malas de diversos tamanhos e duas mochilas, uma pendurada à frente e outra nas costas. Então, essa é a imagem de muitas pessoas caminhando na estrada da vida. Carregam tanta bagagem do passado, tantas mágoas, tanto rancor de determinadas pessoas ou situações já vividas, que não tem espaço para levar mais nada. Vez ou outra ainda param para pegar uma mala que caiu e elas teimam em trazê-la consigo, ou voltam na vida para buscar uma mala que ficou para trás. Voltam na vida, dão um passo atrás, porque voltar no tempo é impossível ainda. A vida sempre traz coisas boas, mas essas pessoas não estão com disposição nem atenção para coisas assim, se reservando para na verdade absorverem somente a parte ruim de tudo que lhes é apresentado.

A mente dessas pessoas se acostumou a receber somente a carga negativa, baseada na bagagem que a pessoa carrega. Essas bagagens são as programações que foram instaladas nela.

As malas estão alocadas em seu cérebro de forma que sempre são acionadas e abertas assim que necessário. E de dentro delas pode sair qualquer tipo de coisa, principalmente coisas que não agregam, nesse caso. Não podemos deixar de perceber que quanto mais negativo o pensamento de uma pessoa, mais negativos são os seus resultados, bem como mais coisas negativas são atraídas para a vida dela.

Note-se que foi falado antes que a suposta pessoa não tem mais espaço ou meios para carregar mais bagagem, pois já está lotado, mas nesse caso, a negatividade atrai mais negatividade e funciona como um imã. Vai sendo acoplado, juntado a outras malas que estão sendo carregadas. Isso não tem fim se a pessoa não se propuser a dar um basta nessa situação. Imagine uma pessoa viver oitenta, noventa anos e não deixar nenhuma mala para trás. Imagine o peso e o incômodo em carregar tanta bagagem nas costas, nas mãos. É muita coisa para uma pessoa só. Não se deve carregar tanta coisa assim.

Certa vez quando ainda estava na primeira faculdade, estávamos em uma viagem de campo e desembarcamos no nosso primeiro local de parada para estudos. Então todos nós estávamos descendo com nossas mochilas de viagem nas costas e então uma colega vai ao bagageiro do ônibus e retira uma, duas, três, quatro malas, fora a nécessaire. E ela não conseguia levar tudo, então o professor que já era mais experiente nesse quesito, pois havia viajado praticamente o mundo inteiro, falou o seguinte: "Nessa vida a gente tem que levar o que aguenta carregar". No momento todos nós rimos, e ajudamos a moça a carregar. Mas hoje percebo que havia muita verdade naquela frase dita pelo professor.

Não se pode se aventurar na vida carregando muita bagagem, muita mala. Pincipalmente se for negativa, pois a vida pode lhe trazer surpresas, paradas, mudanças de rota, retornos, e presentes. E como você vai se portar diante de qualquer situação se não se preparou para levar as suas coisas com você? Imagine você ganhar presentes e não poder receber porque suas mãos estão cheias demais com passado, e suas malas não tem mais espaço? Pense no que faria se já estivesse cansado da caminhada por conta do peso da bagagem e tivesse que fazer uma correção na sua rota, ou seguir por um novo caminho de oportunidades que se abrissem para você. Isso tem que ser avaliado. Não se deve levar toda essa bagagem sob pena de viver como um animal de carga. Sempre preso, nunca podendo correr ou pastar onde se quer, mas sempre sendo conduzido à mercê do condutor.

Abandone essas cargas. Você não nasceu
pra isso. Nasceu para a liberdade.

20

RESSIGNIFICANDO O PASSADO

Muito embora tenhamos dito que o passado não importa mais pois foi posto de lado, ele tem certa importância sim, na medida em que é nele onde estão as amarras que seguram nossa vida no presente. No passado estão as situações que geraram os traumas que tanto atrapalham o desenvolvimento normal da vida de uma pessoa. As influências e experiências ruins que tornam a vida da pessoa mais pesada e difícil de se viver.

Muitas pessoas vivem de olho no retrovisor da vida, com medo de que uma experiência ruim já vivida retorne e sufoque a mesma novamente, não compreendendo que o simples fato de olhar para o retrovisor já é reviver aquele passado que se deseja esquecer. Toda vez que se olha para o passado com seus traumas, impedimos que nossos pés estejam totalmente no presente. O cérebro também reconhece essa falha e faz reviver em nossa mente, mesmo que inconsciente, a experiência que passou. E essa experiência continua a nos influenciar negativamente nas nossas ações, tomadas de decisão e consequentemente em nossos resultados.

Quantas vezes você não se perguntou por que não consegue resolver tal problema, porque não consegue falar em público, porque não consegue se aproximar com facilidade de outras pessoas, principalmente as que seriam importantes para uma nova fase em sua vida. Estes são alguns questionamentos que se pode fazer e que estão intimamente ligados a bloqueios emocionais provocados por experiências ruins do passado. Principalmente na infância e início da adolescência, que são momentos em que ainda não temos condições de interpretar corretamente as situações pelas quais passamos.

Muito embora a maioria das situações ruins supõe-se que tenham sido realmente ruins, algumas experiências podem não ter sido assim, mas pelo baixo nível de desenvolvimento cognitivo na infância a situação que gerou o trauma pode ter sido mal interpretada e ganhado um significado que não condizia com a realidade. E aí pronto! Um bloqueio emocional instalado. Isto me fez lembrar o Pedro que dando uma aula sobre perfis da personalidade exemplificou que ele quando tinha quatro anos de idade passou por uma experiência que marcou o seu desenvolvimento. O seu pai era caminhoneiro e em dado momento precisou fazer uma viagem do sul do Brasil até um estado do norte. E tal viagem duraria cerca de quatro meses. Ele no momento não entendia o significado dessa viagem e interpretou que seu pai estaria abandonando a família, abandonando ele para realizar algo. A pequena criança entendeu que estava sendo privado da presença do pai porque o pai tinha que realizar uma determinada tarefa. E isto embora esquecido o influenciou durante toda a vida a ser uma pessoa que tinha que realizar coisas, executar, para se sentir bem e confortável.

A vida nos mostra que ao passarmos pela infância temos várias dessas situações que ou reais ou geradas por um erro de interpretação, nos fazem instalar certos bloqueios emocionais, que nem no nosso íntimo entendemos que temos, mas que por sua vez nos geram prejuízos incalculáveis para o nosso desenvolvimento. E essa é a causa de muitos não conseguirem realizar aquilo que intentam, seja por timidez exagerada, seja por dificuldade em lidar com determinado assunto. Os meios que utilizamos para responder aos estímulos a que somos submetidos são determinados pela percepção que temos deles e pelas respostas pré-programadas em nosso cérebro.

O que aconteceu conosco no passado não podemos mudar. Mas uma coisa tem solução de mudança: A forma como interpretamos e reorganizamos tais acontecimentos. O primeiro passo é aceitar o ocorrido. Fazer as pazes com o seu passado é um remédio que deve ser tomado. Viver em conflito, em guerra com o seu passado não contribuirá para o conserto dele. A escolha é sua. Tornar positivas situações adversas é difícil, mas se trata apenas de observar as coisas sob outra ótica, outro olhar. E nada mais facilitador do que observar sob a ótica externa. A situação foi vivida por você em determinada época, muitas vezes em que você nem possuía consciência dos fatos que lhe ocorreram, como os traumas advindos da infância. Mas você sabe que eles estão lá no passado. Revisite esse passado com o olhar de um adulto. Reveja aquelas cenas, aqueles momentos, sinta os cheiros e gostos para adentrar naquele seu passado. Mas desta vez como um adulto consciente.

Transportado mentalmente ao passado, visite o local onde ocorreu determinada situação adversa e tome o lugar daquela criança. Fique no lugar dela. Mentalmente será você desta vez, adulto. Não tenha medo. Desta vez você vai reagir. Pode deixar um pouco de ira fluir para que você tenha a força necessária para a reação. Grite com a situação, fale pra ela os seus sentimentos atuais. Chame-a de covarde. Isto porque quando somos crianças não temos muita noção da realidade da situação e acabamos aceitando certas coisas mais pela inocência, e não reconhecemos que pode ser ruim para nós.

E no processo de cura, sobretudo, perdoe. Por mais que seja difícil, o exercício do perdão faz muito bem à saúde como um todo. O sentimento de raiva e rancor faz com que a todo o momento hormônios relacionados ao estresse sejam lançados na corrente sanguínea. E tem pessoas que vivem nesse estado o tempo todo, não sabendo o mal silencioso que estão fazendo a elas mesmas envenenando o seu corpo.

O perdão trará o conforto interno que você precisa. Somente através do perdão é que vamos experimentar a verdadeira liberdade para termos uma vida saudável. Para alguns o perdão é mais fácil, mas para outros é muito difícil, pois encaram aquela mágoa como algo intransponível e não remediável. Vi pessoas que foram agredidas e o agressor pediu perdão, mas elas perdoaram somente externamente, da boca para fora, como se diz. E isto não trouxe eficácia para o propósito a que se destinava o perdão. Por isto o perdão tem que ser no íntimo, tem que ser um perdão de consciência, sem reservas e com totalidade de sentimento.

O perdão atua com o mesmo princípio da mágoa. É sabido que sentir mágoa é como se você ingerisse um veneno aos poucos no intuito de que ele faça mal a outra pessoa, mas na verdade quem estaria sendo envenenado seria você mesmo. É um "suicídio" intentado contra o outro. Com o perdão é a mesma coisa. É o antídoto para a mágoa. Você perdoa e o perdão atua de forma mais benéfica em você. Atua no outro também, mas o maior atingido é você, na medida em que as melhorias internas vão ocorrer em você com a saída dos sentimentos ruins e a entrada de novas sensações de bem estar.

21

A CIÊNCIA E O PERDÃO

A ciência mostra que o perdão não é somente algo baseado na religião, algo psicológico, pois mostra através de pesquisas que o corpo físico agradece aos que tem como prática o exercício do perdão.

A psicanalista brasileira Suzana Avezum constatou através de suas pesquisas que as pessoas que tem dificuldade em executar o perdão estão mais propensas a sofrerem um infarto do miocárdio. Ao analisar dois grupos de pessoas com perfis similares sendo um grupo onde todos haviam sofrido infarto e o outro grupo não, constatou que aquelas que perdoavam mais facilmente estavam no segundo grupo. E em contrapartida observou que no grupo dos infartados uma característica comum era o fato de todos terem sido submetidos a situações pelas quais não perdoaram o ofensor. E esse sentimento de mágoa faz com que descargas de adrenalina e cortisol sejam liberadas no corpo prejudicando a saúde.

De acordo com o Dr. Daniel Barros, médico psiquiatra e professor colaborador do Departamento de Psiquiatria da Faculdade de Medicina da USP (Brasil), existem dois tipos de perdão. O primeiro se trata do perdão racional. É aquele onde você racionaliza o ocorrido e decide não mais pensar nisso. O segundo é o perdão emocional, onde você abre mão do sentimento e das sensações negativas, ódio, mágoa, rancor. E é justamente no segundo tipo onde são experimentados os maiores benefícios para o corpo e para o coração, pois é o que fará com que a carga de cortisol seja reduzida.

Perdoar não é simplesmente jogar a mágoa e o rancor embaixo do tapete como alguns fazem com a poeira que varrem da casa. Ela sumiu da vista, mas está lá escondida debaixo do tapete. Perdoar é algo maior. Perdoar demanda esquccimento. É preciso deixar de lado, deixar pra lá. E o melhor disso é que o perdão pode ser treinado. Algumas pessoas podem perdoar mais facilmente, devido a características relacionadas à sua personalidade, educação ou religiosidade. Outras não tem essa facilidade mas podem ser beneficiadas com ajuda profissional. E isto pode ser libertador se você aceitar que a falta de perdão tem cura.

O perdão nesse ponto se dissocia da religião e vai para o campo da ciência.

Acreditamos por muito tempo que perdoar era algo "divino". E realmente o é, mas não somente do ponto de vista metafísico. A libertação experimentada pelo corpo físico através da prática do perdão se torna algo tangível, mensurável e que pode ser acompanhado pela ciência. Nossa razão agora pode ter a certeza de que o que foi recomendado por vários religiosos no decorrer de séculos, é algo real e benéfico para o corpo.

O perdão, porém não é só em relação aos outros. Você também pode se perdoar. Todos ouvimos que devemos nos amar, e por isto devemos também nos perdoar toda vez que sentimos que vivenciamos situações desagradáveis por nossa própria conta ou vontade. O perdão próprio deve ser também praticado, pois ele, assim como o perdão de terceiros, é prejudicial mas vai além pois o suposto agressor e o agredido somos nós mesmos.

Pessoas que vivem estressadas certamente estão vivendo uma vida sem sentido, fracassadas simplesmente porque não efetuam a prática do perdão. Existem dentro delas situações não resolvidas e não perdoadas e que as estão corroendo por dentro como um ácido. E não só em sua mente, mas no corpo através dos hormônios e dos efeitos causados por eles quando são distribuídos pela corrente sanguínea. Tem pessoas que parecem ser viciadas em cortisol e adrenalina. Não conseguem viver sem estar agitadas e estressadas e, sobretudo com raiva de tudo e de todos.

A memória negativa do ser humano é incrível. Ela se sobrepõe à positiva. O ser humano tende a esquecer dos seus pontos positivos, esquece-se de seus bons momentos, mas as situações adversas nos marcam de tal forma que não conseguimos esquecer.

A prática de perdoar faz com que seja aumentada a liberação de ocitocina, que também é conhecido como o hormônio do amor ou do relacionamento. O amor tem uma relação íntima com o perdão porque perdoar é uma forma de amar a si mesmo. Quem perdoa experimenta uma maior sensação de relaxamento e bem estar. O perdão ainda faz com que serotonina e dopamina sejam liberadas no corpo e esses dois neurotransmissores ajudam a melhorar o humor. E então a vida da pessoa vai ficando melhor, pois se torna um ciclo virtuoso. Quanto mais de bem com a vida, mais perdão ela libera e mais hormônios do bem-estar vão sendo liberados no corpo.

É natural você ficar com raiva durante alguns minutos ou até mesmo horas, mas a partir do momento em que você fica nesse estado de sentimentos por vários dias é sinal de que algo anormal aconteceu. Quando você permanece alguns dias com raiva, esse sentimento foi racionalizado pela mente. Esse sentimento sai do campo da emoção e você está usando a razão para alimentá-lo e fazê-lo permanecer. É o momento em que você está remoendo essa raiva para tentar extrair dela uma maior concentração. É uma atitude altamente destrutiva, pois está internalizando na sua mente aquela situação passada e isto pode dificultar o processo de perdão. O médico cardiologista e professor Dr. Artur Zular compara a mágoa e a ausência de perdão a uma ferida aberta na pessoa que mantém esse sentimento. É como se fosse uma hemorragia. Essa ferida libera a todo tempo os hormônios associados ao estresse e que tanto mal fazem para o coração. Para ele o ato de não perdoar deixa o corpo em estado de alerta o tempo todo devido à carga de cortisol que é liberado e em níveis excessivos é extremamente maléfico.

Peça perdão. Perdoe e perdoe-se.

22

REMÉDIO PARA A ALMA

O alívio de que precisamos sem dúvida está num estilo de vida que preza pela paz consigo mesmo. Uma pessoa que vive em conflito consigo mesma jamais conseguirá ter paz em sua relação com os outros. Depois de descobrir isso todos devemos buscar no nosso íntimo aquilo que nos traz paz interior no sentido de que essa mesma paz trasborde para o lado de fora. Uma pessoa pacífica de forma alguma é aquela que vive aceitando as situações e ofensas que lhe são impostas. Longe disto. Ela na verdade busca aprimorar a sua personalidade de forma que determinadas situações adversas se tornem pequenas demais e ela possa passar por cima delas.

Uma pessoa que simplesmente engole tudo de ruim que lhe é imposto não está vivendo pacificamente. Ela com certeza está aparentemente em paz, mas por dentro está cheia de revoltas por não conseguir expressar aquilo que realmente queria em relação ao que está vivendo no momento. A falta de voz de manifestação aprisiona mais do que a cela real de uma cadeia. Ela aprisiona a alma e faz com que a pessoa esteja mais em conflito ainda. Atém mesmo alguém em uma prisão tem o direito de se manifestar e se manifesta. Mas uma pessoa que se aprisionou por dentro, em sua alma não consegue falar nada.

A questão dessa prisão interna é mais uma vez a falta de perdão. Sem perdão uma pessoa não consegue se tornar aquilo que nasceu para ser: Livre. Uma pessoa que não perdoa não exerce de fato a sua vocação, pois não tem liberdade para executar sua vontade. É dominada por um sentimento de que sempre falta alguma coisa. E essa coisa sempre é buscada no outro, no externo, não reconhecendo que aquilo que tanto procura, até mesmo sem saber está justamente dentro dela mesma. Viver dessa forma torna a pessoa mais amarga com o passar dos anos. E o pior é quando a pessoa olha para trás e percebe que não realizou o que deveria e nem percebe que aquele sentimento que a calara durante todos esses anos poderia ter sido removido por ela mesma através de um maior foco em seu interior.

A solução para esses conflitos que te tiram a paz está em seu interior. Não adianta buscar do lado de fora, pois é algo mais difícil que demanda esforço conjunto com outra pessoa. A matriz desse conflito é interna porque na maioria das vezes ele surgiu de um erro de interpretação que fizemos sobre algo que alguém fez ou falou. Nem sempre uma pessoa que julgamos nos ter feito mal o fez com aquela intenção. Às vezes uma pessoa que nos ofendeu não tinha aquela vontade de fazê-lo, mas o fez por falta de preparo, imaturidade e nós carregamos aquilo conosco como se fosse a coisa mais importante da vida. Dentro das famílias ocorre muito isto. Um pai, uma mãe ou irmão diz alguma coisa que para eles foi corriqueira ou banal e a pessoa que recebe interpreta de certa forma dando um significado muito mais pesado do que deveria. E guarda aquele sentimento. E remói aquele sentimento. E aquele sentimento vai endurecendo e se transformando em mágoa.

E essa pessoa que recebeu essa mensagem espera do outro um pedido de desculpas, que todavia não vem. E passa-se o tempo e a mágoa vai crescendo e se transformando em algo sem controle. Vira um monstro gigante dentro dessa pessoa. Sentimentos são envolvidos de forma negativa. Essa pessoa vai se tornando uma pessoa reativa. Que trata mal outras pessoas porque acha que o mundo lhe deve algo. Ou então essa pessoa fica paralisada em seu sentimento e se torna mais introspectiva presa ao exílio mental de seus pensamentos de revolta. Não sabe ela que a solução para isto estava dentro dela mesma. O perdão. Se tivesse perdoado aquela atitude, aquelas palavras, por mais difícil que seja, não teria entrado nesse estado de coisas e sentimentos que a tem destruído. Certamente se soubesse disso e tivesse mais maturidade emocional poderia ter escapado dessa armadilha mental. Mas a ausência ou baixo desenvolvimento de sua inteligência emocional a transformou em um zumbi escravo do sentimento de mágoa.

E mais uma vez repetimos: O perdão é a chave para nos libertar de todo e qualquer sentimento de ódio e mágoa. Perdoar a nós mesmos pelo sentimento de falha, pela falta de reação quando ofendido, porque muita gente se apega ao fato de que poderia ter reagido a uma ofensa, porém na verdade a não reação foi a melhor escolha, pois poderia ter piorado a situação. No mundo ideal ofensor e ofendido poderiam se pedir perdão mutuamente e selando o sentimento com um aperto de mão ou um abraço, poderiam ter sepultado para sempre essa mágoa. Mas o orgulho que cada um sente impede que atitudes como esta sejam levadas a efeito.

Uma vida sem perdão é uma vida mal vivida. É somente meia vida, porque você só vai experimentar o lado ruim das coisas. O lado bom da vida está no perdão, pois ele demanda esquecimento. Mas não esquecer a ação em si, mas esquecer do sentimento de raiva e decepção que você teve ao vivenciar toda essa situação. Não devemos nos esquecer de que é o sentimento é que internaliza em nós as coisas mais profundas, pois através do sentimento por muito tempo é que começamos a racionalizar o aprendizado das diversas experiências a que fomos submetidos. **Viver o sentimento ruim amarga nossa existência**. Impede-nos de provar aquilo que há de bom e que a vida tem a nos oferecer, pois a desconfiança tem o poder de estragar qualquer nova experiência fazendo com que nos tornemos seres bloqueados emocionalmente.

Durante o Sermão da Montanha disse Jesus que se uma pessoa te agredir você deve mostrar a ela a outra face. Mas essa atitude não revela passividade ao ponto de você simplesmente virar o rosto para que a pessoa possa completar sua obra de violência. Na verdade isso significa que você deve perdoar. Porque quando uma pessoa chega ao ponto de te agredir ela tem no coração o sentimento de raiva e talvez até mesmo ódio. E qual é o oposto disso, a outra face desse sentimento? É o amor. E o amor é perdão. Amor ao próximo e principalmente a você mesmo.

E é por isso que afirmamos que o perdão é libertador, pois o perdão é uma expressão do amor e amor é liberdade.

23

TRANSBORDANTE

Uma caixa de água quando está cheia e continua a receber a água da fonte tem duas alternativas. Uma é seguir o curso natural e transbordar. A outra é o caminho artificial, fazendo-se um furo para que a água escape por esse furo. A natureza das coisas leva ao transbordo. A anormalidade leva ao furo extra também conhecido popularmente como "ladrão". No transbordo ocorre o compartilhamento daquilo que se está recebendo com o externo. Não é natural reter as coisas, principalmente o conhecimento. Porque de que aproveita se ter muito conhecimento e não coloca-lo para fora para que modifique a vida das outras pessoas?

Assim é com o autoconhecimento. Após você descobrir que existe esse mundo inteiro que é naturalmente controlável, dirigível dentro de você a tendência é ajudar outras pessoas a se descobrirem também, como condutoras de suas próprias vidas. Depois que você descobre o bem que te faz ter e manter uma mente limpa de maus pensamentos e um coração livre de mágoa e apto a perdoar, você deve e tem por obrigação partilhar isso com outras pessoas. Muita gente ainda não teve essa descoberta. Muitos ainda vivem debaixo do jugo da mágoa. Enquanto você já se libertou de toda a carga de negatividade que havia em você, muitas vezes até sem você se dar conta, muita gente ao seu redor ainda vive assim. Essas pessoas são escravas do sentimento de culpa, de vergonha, de medo, de ódio. Elas precisam de liberdade interior. Sejamos esse canal de liberdade. Ensinemos aos outros sobre a importância de viver uma vida plena sem mais travas emocionais que as impedem de sentir o verdadeiro sabor da vida.

Quando você transborda o seu conhecimento na vida dos outros, você gera um valor incalculável, porque muitas vezes esse conhecimento estaria perdido ou confinado em sua mente e não provocaria nenhum tipo de transformação, pois as pessoas não teriam acesso a ele. Seja falando, escrevendo, ou produzindo/construindo algo, você pode efetuar esse transbordo do conhecimento na vida das pessoas. Imagine você passando pela vida e não deixando nada de concreto para que as pessoas se lembrem de você. Pois é. É dessa forma que a maioria de nós vive. Não deixamos nada, nenhum legado capaz de levar nosso nome a se perpetuar. O ato de transbordar não é para sua vanglória, não para querer se mostrar e ter sucesso financeiro.

Antes ele é para fazer valer a abundância que você tem dentro de si. Mostrar que é especial a tal ponto que tem muito a contribuir com a vida das pessoas.

Nós temos essa característica. Todos somos especiais. Cada um de nós vive num coletivo, mas temos dentro de nós alguma coisa que seja única, que sobra em nós e podemos passar para os outros. Vivemos, contudo, bloqueados emocionalmente, e não sabemos reconhecer em nós alguma característica que nos faça diferentes dos demais. No íntimo sabemos que somos especiais, mas não nos distinguimos porque nosso inconsciente foi preso por formatações passadas. Seremos livres no momento em que nosso *mindset* for modificado para que possamos aproveitar o nosso potencial. Muitas vezes não temos nem condições de saber onde podemos chegar porque nem coragem para testar o nosso limite nós temos e nesse sentido vivemos presos a nossos medos e traumas que impedem nosso transbordo.

Na atualidade uma boa forma de transbordar na vida das pessoas são as redes sociais. As redes são livres para cada pessoa falar e ensinar aquilo que tem conhecimento ou que desenvolve. Várias pessoas até ganham dinheiro fazendo isso. Pessoas comuns como nós, que foram alçadas a fama e ao sucesso porque tiveram a coragem para se mostrar nas internet. No passado para você transbordar o seu talento, o seu dom, você tinha que passar pelo crivo de algum diretor de alguma emissora de TV. Hoje não. A internet está liberada para falarmos e fazermos acontecer. Temos que aproveitar esse momento ímpar na história, onde mais do que nunca as chances são relativamente iguais para todos.

Toda vez que pensarmos em transbordo também temos que ter em mente que seria muito egoísmo de nossa parte se não deixássemos fluir para fora aquilo que podemos dar de contribuição para a melhoria do mundo ou da vida de uma pessoa. Quantas pessoas têm tantos talentos ocultos, tantas coisas a mostrar, e não o fazem porque a vergonha ou a timidez não deixam. Não podemos negar também que muitos não têm timidez, mas sofrem com o perfeccionismo. Sempre querem se lançar na versão final. Mas a perfeição não existe e sempre há o que melhorar ou progredir. Impedir as pessoas de conhecerem a sua obra porque você quer apresentar algo perfeito não é algo prudente, porque todos os dias você vai ter algo bom para acrescentar e não vai mostrar nunca aquilo que deseja.

O padrão de normalidade da sociedade também não contribui muito com o transbordo, porque a cada momento somos levados a sermos egoístas e não compartilhar. Isso faz com que sejamos menos transparentes e não revelamos realmente aquilo que temos. O cultivo de pensamentos bons vai fazer abundar em nós sentimento de paz e altruísmo. E esse movimento gerará resultados fantásticos quando interagirmos com outras pessoas.

Transborde na vida de alguém. Aprenda algo de bom e produtivo. Ensine outras pessoas sobre o que aprendeu. Ensine as pessoas sobre o que descobriu. Vai despertar nelas algo de bom também e formará ao redor de você um círculo de virtude. Você ajudará os outros e será o maior beneficiado ao mesmo tempo.

24

SEJA FELIZ

A felicidade é um estado de espírito. Essa frase todos já devem ter ouvido. Ela é muito falada em todos os meios. Existe muita verdade nela porque realmente a felicidade deve ser encontrada dentro de você. Todos nós buscamos a felicidade de alguma forma. Tem pessoas que correm atrás da felicidade (ou do que pensam ser), mas nunca a alcançam. Estão fazendo isso da forma errada. Errada como? Na hora de correr? Não. No local onde a estão procurando. Muitos procuram a felicidade do lado externo, no outro, em algo fora de si mesmos, quando deveriam a procurar do lado de dentro. Não se encontra felicidade sem a procurar, mas para acha-la se faz necessário procurar no local correto.

Na busca pela felicidade muitos irão se decepcionar e acabam por desistir, vivendo suas vidas do pior modo possível. A felicidade está nas coisas mais simples. O mundo de hoje com toda a sofisticação nos ensina a procurar a felicidade nas coisas materiais. Faz-nos pensar que só é feliz quem tem dinheiro e bens luxuosos. Engano pensar assim, pois até pessoas de sucesso financeiro podem estar passando por momentos de infelicidade e tristeza, sem contudo deixarem transparecer. A felicidade é como aquele local perfeito que todos imaginam saber onde está, alguns julgam ter um mapa para chegar lá, mas ninguém de fato o encontra. Quem é feliz de verdade, se encontrou antes de encontrar a tal felicidade.

A pessoa quando busca a felicidade, antes de tudo ela tem que buscar o conhecimento de si mesmo. Antes de pensar na felicidade como algo que vai preenchê-la, ela tem que pensar nela como algo que vai completa-la. Mas como assim? Simples: Algo quando está vazio em si mesmo precisa de um elemento que preencha este espaço vazio. Algo que já tem elementos dentro de si precisa de mais para completa-lo. E até fazê-lo transbordar.

Quando uma pessoa olha para dentro de si vai encontrar coisas que talvez ela nem soubesse que possuía. O olhar para dentro é como se você morasse numa casa, com vários cômodos e tem sempre aquele onde você guarda qualquer coisa e ele se enche de forma que você nem sabe mais o que está ali dentro. Algumas pessoas o chamam esse cômodo de quarto de despejo. O olhar para dentro é aquele processo do dia de limpeza. É o dia daquela grande faxina que você faz. Abre as cortinas daquele cômodo, abre a janela, deixa a luz entrar, o ar vai se renovando. Então começa, sem muita coragem, a retirar aquelas caixas empoeiradas e abrir uma por uma. Verá coisas que nem lembrava que tinha. Coisas que te trazem muitas lembranças, umas boas outras ruins. E você se senta e fica horas revendo tudo.

Essa faxina interna te faz rememorar muitas coisas que talvez nem quiséssemos lembrar. Todo mundo já teve altos e baixos na vida. O que nós somos hoje é o resultado de todo um processo que se iniciou lá atrás no passado. Passado esse que não pode mais ser mudado, mas como dissemos pode e deve ser ressignificado.

Durante essa entrada em si mesmo você vai perceber que nem tudo foi ruim. Todos nós temos momentos em que nos sentimos bem em alguma época. Todos tem sempre algum momento, mesmo que íntimo, escondido, onde tivemos algum sentimento de alegria e de paz. Somos seres nascidos para a felicidade. E essa felicidade encontra-se dentro de nós. Não podemos negar essa realidade, pois quando fomos criados, fomos feitos seres completos e a felicidade já estava incluída no pacote. Mas ela pode ter sido perdida com o crescimento e as adversidades experimentadas com o tempo. E a noção de felicidade e o seu sentido vai ficando distante no momento em que nos esquecemos de que ela se encontra dentro de nós, em algum lugar perdido. E aí inicia a busca por ela em locais externos. O cérebro também não nos ajuda, não nos dá pistas de que ela está dentro. O cérebro vai sendo seduzido e nos induz a acreditar que temos que ter muito para sermos felizes.

E na verdade é muito mais natural e mais simples você fazer o contrário. Ser feliz para ter muito. Pense um instante. Se você precisa ter muito para ser feliz, pode ser que essa felicidade nunca chegue ou não seja suficiente ou venha em picos, porque ela sempre vai depender de mais e mais coisas externas para nos preencher. E é assim que muita gente vive. Tentando encontrar a felicidade naquilo que não tem, naquilo que não pode controlar. E concluímos que não são ou não se sentem felizes por isso. Por não conseguirem conquistar o que querem, ou não na quantidade que querem.

Ao contrário, se você reconhece a felicidade no que já tem, esse sentimento te gera um conforto. E isso te traz a paz necessária para que sua mente trabalhe junto com você, no inconsciente, a fim de que sua vida se torne melhor. E isto vai te trazer resultados maravilhosos. Lembre-se que um pensamento gera um sentimento que gera uma ação. Então esse sentimento de felicidade já é um segundo passo dado no caminho dos resultados, que por sua vez te trarão felicidade, fazendo disso um motor contínuo.

O sentimento de felicidade vai ser encontrado dentro de você. Ele parte de um pensamento de felicidade. Ele está dentro de você nos seus pensamentos. Parece loucura dizer isto. Parece muito simples, e é. É tão simples que parece impossível ser assim. Já falamos isso anteriormente. A felicidade está do lado de dentro. Busque por ela, pensando nos momentos em que você se sentiu feliz, mesmo que tenham sido poucos momentos. Guarde esse pensamento na mente, para que você possa acessá-lo a todo o momento e quando a tristeza bater à porta, não atenda. Coloque aquele pensamento de felicidade que você encontrou como um guarda de vigia.

A busca da felicidade e da realização dos sonhos é o que todo ser humano almeja. Muitos não conseguem chegar ao objetivo, e muitos nem sequer conseguem traçar esse objetivo, sem saber que ele é o ponto de partida para alcançar o que se quer. Vivemos numa sociedade agitada e que a cada momento requer de nós mais produção e em contrapartida nos dá menos tempo.

Porém temos em nossas mãos a chave que nos tira dessa total inércia, que nos desanima a cada dia: **O poder do nosso pensamento, combinado com o poder da nossa ação**.

Definindo bem aonde se quer chegar, traçando o roteiro que seguiremos e nos reinventando a cada dia para ativarmos nossa identidade, poderemos chegar onde quisermos, pois uma chama viva de motivação sempre estará acesa dentro de nós. Temos condições de vencer sim, pois a nossa linha de chegada se torna mais perto a cada passo que damos em direção a ela. Não pare. Ande se cansar, mas não pare. O seu energético pode estar na próxima esquina. Se ative a cada manhã. Ative a sua identidade de vencedor, e lembre-se sempre que você não nasceu para sofrimento, como muitos podem tentar te fazer acreditar.

Entre em comunhão com os que te cercam e principalmente entre em comunhão com você mesmo. Não perca uma chance sequer de perdoar os outros e de se perdoar também, acima de tudo. Mantenha sua meta definida e também ajuste o seu foco para conseguir realizar mais.

A simplicidade da busca pela felicidade é isso. Você supostamente vai encontra-la onde menos espera. É aí dentro mesmo.

25

FIM?

O seu cérebro é seu amigo. Aparentemente no intuito de te ajudar e te proteger, ele acaba por fazer com que você não saia do lugar ou até mesmo dê passos para trás. Mas essa atitude por parte dele é porque ele se baseia no tipo de padrão e programação que você mesmo forneceu para ele. Estamos em constante aprendizado e em nossa vida a cada passo dado percebendo ou não, estamos alimentando o nosso cérebro com as informações que ele utilizará para posteriormente realizar as tarefas inerentes ao mesmo e que comandam a nossa vida. Nunca devemos trata-lo como se sem importância fosse, dando informações prejudiciais ao mesmo esperando que ele nos forneça respostas positivas.

Sempre que nos baseamos em negatividade e pensamentos tóxicos e destrutivos, inundamos a mente com essas informações e elas ficam enraizadas lá, prontas para germinarem e com o tempo darem os seus frutos. Como dissemos, a mente floresce daquilo que escolhemos plantar. É como um jardim onde semeamos mudas de margaridas esperando colher rosas. Impossível. Por isso devemos ter esse cuidado com o cérebro do ponto de vista do que escolhemos pensar. Se a mente for inundada de pensamentos de destruição, o cérebro sempre lançará mão das bases desses pensamentos para dirigir a nossa vida.

Não espere coisas boas se você só pensa em coisas ruins. Não dê ouvido a pessoas negativas, não seja companhia para elas constantemente, para não ser contaminado pelo seu veneno moral. Pessoas tóxicas devem ser ajudadas, tratadas, mas não podem estar muito ao nosso redor para que não ofusquem a nossa luz. Uma pessoa boa tem a tendência de ajudar sempre o próximo e realmente deve fazer isto, mas nunca deve permitir que se contamine negativamente com o padrão de pensamentos do outro.

A energia do universo está dispersa, mas os pensamentos canalizam a mesma, seja para o bem ou para o mal. A mente deve ser encarada como um filtro, pois é ela que determinará o que o seu cérebro terá como padrão para te ajudar no controle de sua vida e, por conseguinte na conquista de seus objetivos.

O cérebro sabotador é programado para fazer as coisas darem errado dentro do seu planejamento, mas não por maldade. É para sua proteção, para evitar que você se frustre ou se machuque. Mas quem não corre riscos não alcança suas metas. Você deve mudar o seu padrão de pensamentos para que o seu cérebro entenda que você está disposto a correr esses riscos em busca de uma felicidade maior.

Busque sempre pelo conhecimento e sabedoria para obter da vida as melhores coisas. Todos nós aprendemos com os nossos erros, e melhor ainda é aprender com o erro dos outros. Por isto a importância de se buscar sempre conhecimento de quem já está a um passo a frente do nosso, mais perto de onde queremos chegar. Nunca é tarde para aprender e mudar o comportamento, mudar a rota de nossas ações. O primeiro lance para isto é a mudança de nossos pensamentos. Experimente mudar. Seja ousado e mude.

A vida espera mais de nós. Nós nascemos para a grandeza. Não somente grandeza em termos de fama e dinheiro, mas a grandeza espiritual. Sejamos o exemplo para as pessoas. Sejamos a pessoa ideal que queremos ver no mundo. Não permita mais que o seu cérebro te sabote. Mostre para ele que você está no controle. Viva a vida dos seus sonhos projetando em seu pensamento aquilo de bom que deseja, para que a sua mente programe o seu cérebro para fazer aquilo que você deseja e não aquilo que ele acha que é melhor para você.

Viva em paz com o seu cérebro, mas se ele tentar te sabotar mostre pra ele quem é que manda.

Estamos aqui.